JN326236

外道クライマー

GEDO Climber

Miyagi Kimihiro
宮城公博

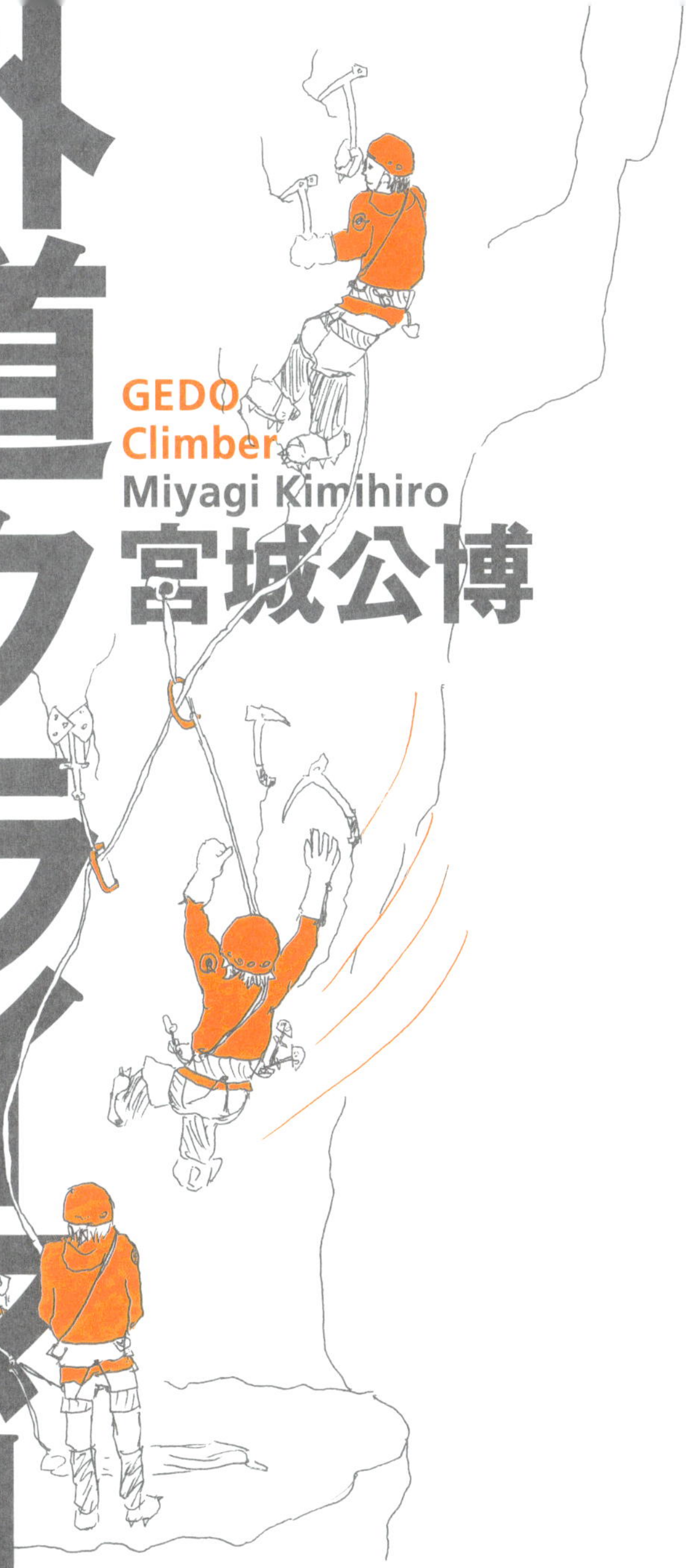

集英社インターナショナル

●タイ奥地、ジャングルの渓谷を20日以上彷徨い続け、たどり着いた岩峰。目的の場所は地平線にそびえる岩山の奥にある。

上●左の滝が日本最大の瀑布、称名滝。その上流には「日本最後の地理的空白部」といわれた場所が存在する。右の滝が「ハンノキ滝」。
下●称名滝の真上、称名廊下の入り口。激流をジャンプするところから登攀が始まる。

●称名廊下内部ー高低差200メートルの岩壁に挟まれた極細の水路が全長2キロにわたって続いている。このような地形を「ゴルジュ」と呼ぶ。突破するためには側壁が凍りつく過酷な環境で摂氏6度の冷水と格闘し、困難な登攀を1週間以上繰り返すことになる。

●称名滝冬期初登攀—厳冬期の称名滝に足を踏み入れた人類はいない。沢登りと冬期登攀の不確定要素が濃厚に詰まった冬の称名は、沢ヤにとって、ダイヤモンドのように魅力的な存在だ。

●台湾・チャーカンシー大ゴルジュ—1500メートルの大岩壁に囲まれた南アジア最大規模の人跡未踏の大ゴルジュ。激流に逆らって泳ぎ、垂直水平の登攀を繰り返し、井戸底のゴルジュで増水に怯え、雨に打たれながら眠り、粗食に耐えながら未知を解き明かす。

右上●タイのジャングルでザックの浮力を頼りに川を下る(プカリ)。
右中●野生のゾウが生息し、そこかしこに足跡がある。

左上●手製の筏でジャングルを進もうとするが浮力が足らずに沈みかける。
左中●行程の半分は46日分の重荷を背負った藪漕ぎ。
下●5メートル以上の大蛇をノコギリで輪切りにした宮城。

上●ジャングルにそびえる岩峰から、これから進む道のりを睨む宮城。

右中●滅多に釣れないが、長期登山の唯一の楽しみ。

右下●毎日の幕営地を快適にするのも大切な作業だ。

左中●生き物たちとの出会いは淋しさが紛れる。

左下●目的外の洞窟を見つけ中へと進む。

上●長いジャングルの渓谷での漂泊から、人里への帰還を喜ぶ高柳。
下●旅の終着駅となったミャンマーにある未登の岩壁へ挑戦した。

外道クライマー

目次

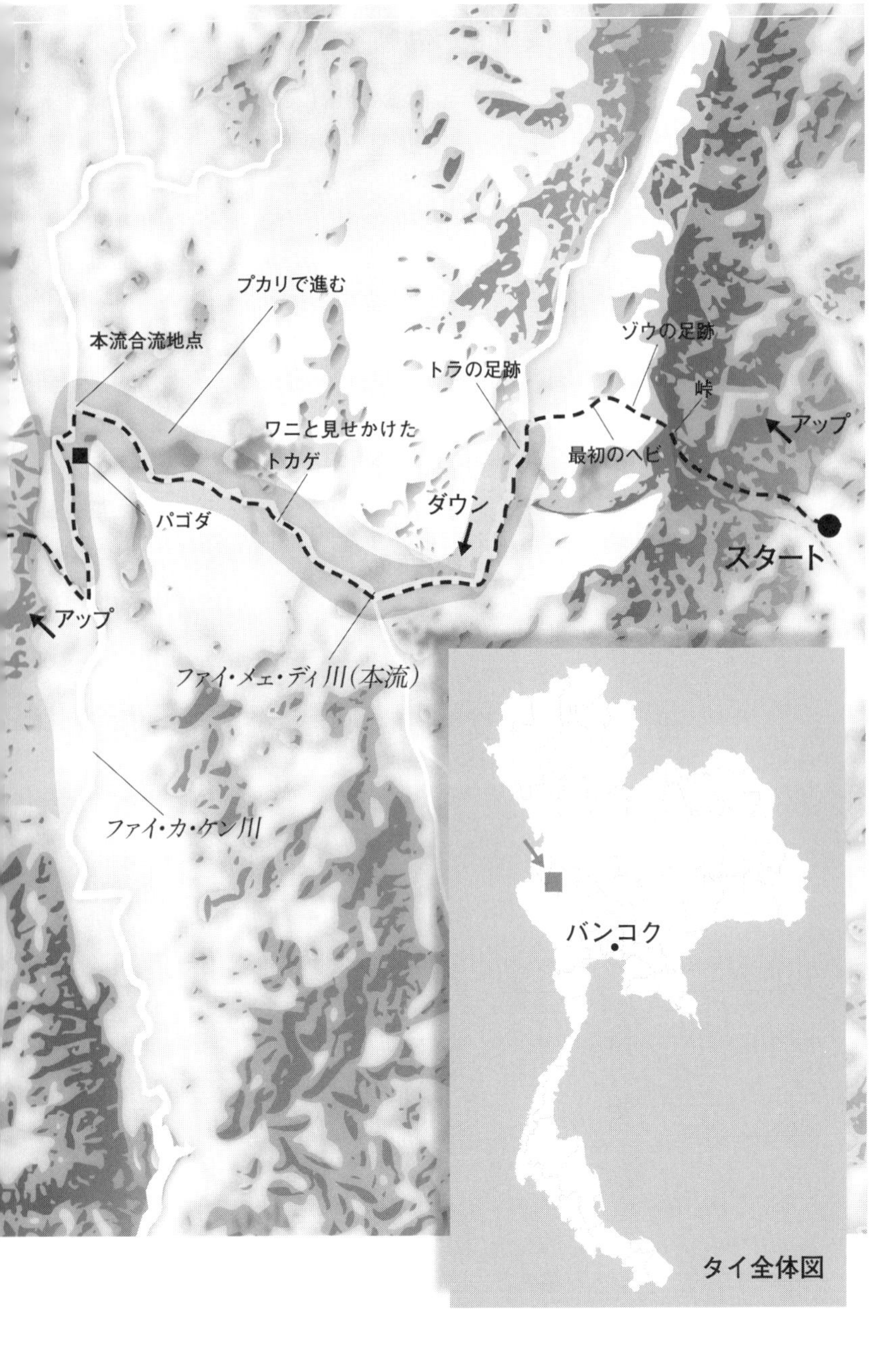
プカリで進む
本流合流地点
ゾウの足跡
トラの足跡
峠
ワニと見せかけた
トカゲ
アップ
最初のヘビ
パゴダ
ダウン
スタート
アップ
ファイ・メェ・ディ川（本流）
ファイ・カ・ケン川
バンコク
タイ全体図

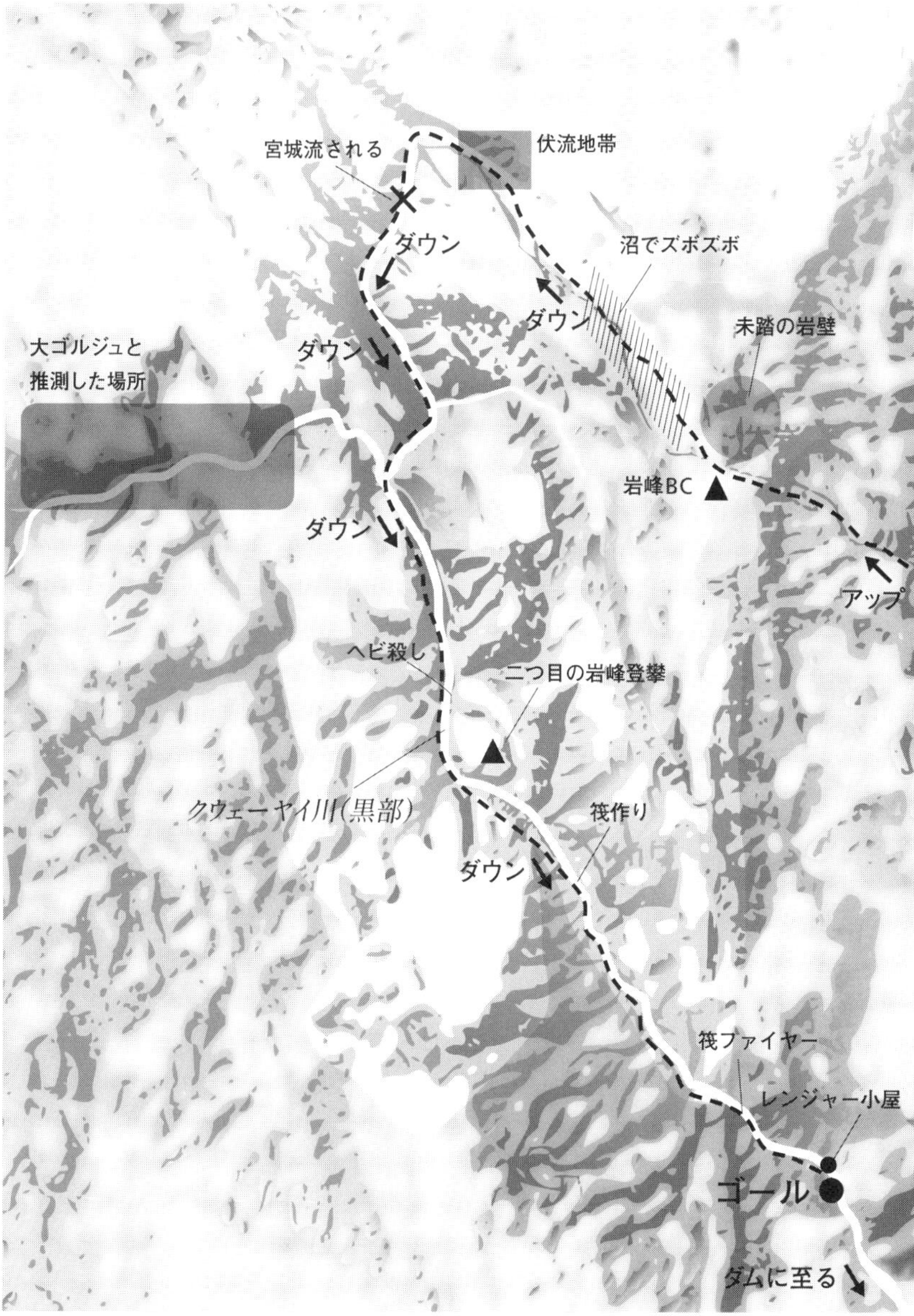
宮城流される
伏流地帯
ダウン
沼でズボズボ
ダウン
未踏の岩壁
大ゴルジュと
推測した場所
ダウン
岩峰BC
ダウン
アップ
ヘビ殺し
二つ目の岩峰登攀
クウェーヤイ川(黒部)
筏作り
ダウン
筏ファイヤー
レンジャー小屋
ゴール
ダムに至る

タイ遡行ルート

沢登り・人名用語

（本書を読み進めるうえで、読み飛ばしても影響はない）

あ行

＊青島　チーム野良犬のリーダー。伝説の沢ヤ。ゴルジュ界最重要人物。チーム野良犬はチームと名付けられているが、所属は青島ひとりである。毒の青島として知られ、あのサバイバル登山家・服部文祥、探検家・成瀬陽一も、青島の毒にやられてひどい目にあっている。ちなみに毒とは、毒舌などの比喩の意味もあるが、沢登りのやりすぎで本当にやばいものを保菌しているらしい。「野良犬通信」という同人誌を発行している。

＊悪絶　沢ヤ界の造語。筆舌に尽くしがたい形容。

＊ウェットスーツ　ネオプレーン素材の全身タイツ。冷水や滝の瀑風から肉体をガードするゴルジャーの鎖帷子《くさりかたびら》。

＊大西良治　日本最後の地理的空白部「称名廊下」の初遡行を成し遂げた世界最強の沢ヤ。御神体・那智の滝を登ったことで逮捕される。

か行

＊キャニオニング　滝壺に飛び込みながら、沢を下りていくフランス発祥のアクティビティー。

＊懸垂下降　ロープを伝って下りること。懸垂とも略される。

＊ゴルジャー　ゴルジュクライミングを志向する者。ただゴルジュに行くだけではゴルジャーとは呼べず、ゴルジュに魂を込める必要がある。また、キャニオニア（降渓者）はゴルジャーには含まれない。

＊ゴルジュ　両岸が立ち上がり狭まった水路。フランス語で喉《のど》の意味。廊下ともいう。

＊ゴルジュ感謝祭　「死登！　死者満載」がキャッチコピーの奈良県・池原ダム周辺で行われるゴルジャーの祭典。死亡率四割が想定されているため、参加者

とは別に遺骨整理係が募集される。今のところ、死者は出ていない。

＊ゴルジュストロングスタイル　猪木寛至のストロングスタイルをゴルジュに持ち込んだもの。水流突破を基本とし、「安全無視」で登攀《とうはん》を行う男のスタイル。

さ行

＊佐藤裕介　世界的アルパインクライマー。厳冬期黒部横断、アラスカ継続登攀、カランカ北壁初登。フリークライミングでも世界最難クラスの課題を初登している。元ノースフェイスワールドアスリート、登山界のアカデミー賞・ピオレドール賞受賞。山岳ガイド。数々の輝かしい実績の裏で、沢ヤとしてひそかに活動している。那智の滝登攀で逮捕され、その栄光を一度地に落とすが、近年、再び表舞台に立ちはじめている。野良犬の青島の弟子。

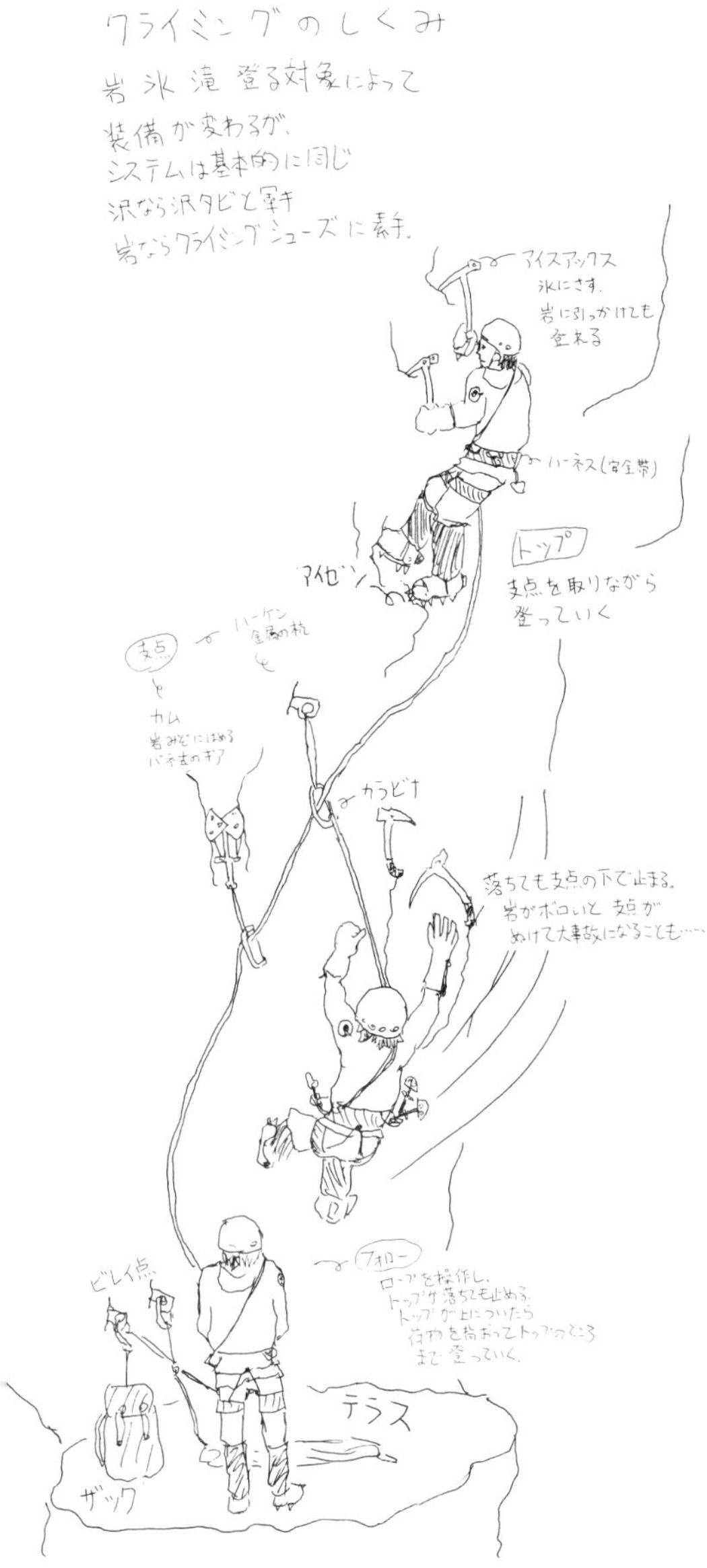

＊沢ヤ　沢登りに異常なこだわりをもった偏屈な社会不適合者。

＊沢ヤの力を見せてやる　沢ヤのキメ台詞のようなもの。

＊称名滝　立山にある日本最大の瀑布。全四段三五〇メートル。

＊称名廊下　称名滝のすぐ上に存在する日本最後の地理的空白部。

＊スーパーアルパインクライマー　フォトグラファー高柳傑のこと。ハイパーメディアクリエイターのようなもの。

＊遡行《そこう》　沢を登ること。同義語に遡上《そじょう》、遡渓《そけい》。

た行

＊高柳《たかやなぎ》　傑《すぐる》　世界唯一のスーパーアルパインクライマー。フォトグラファー。著者の頼りなき相棒。本作の主人公であり、テーマ。

＊魂を込める　巨大な何かと相対したとき、自らの生命を捧げてでも欲望を貫き通す行為。

な行

＊成瀬陽一　著書『俺は沢ヤだ！』で知られる沢ヤ。テレビで特集をされるなど日本で最も有名な沢ヤ。野良犬の青島の相棒で、ゴルジュ突破のパイオニアの一人。自身の著書では山奥のあばら家に住み、自然とともに生きることの重要性を自慢していたが、現在はオール電化の家に住んでいる。

＊人間脚立　肩車をした二人の人間をはしご代わりにすることで、登攀困難な滝を乗り越える行為。人間脚立では届かない高さの滝には「ハンマー投げ」を使う。

は行

＊ハンマー投げ　忍者が高い塀を登る際、塀の上に鉤《かぎ》縄《なわ》を投げ、縄をたよりに登るように、沢ヤが登攀不可能な滝に出合った場合、ロープを連結したハンマ

ーを滝の上に投げ、ひっかけ、それをたよりに登る。ハンマーがちゃんと岩溝《いわみぞ》に引っかかってくれる可能性はマレで、ハンマーが外れて滑落し、粉砕骨折した者もいる。鉄人・室伏広治に敬意を表し、「むろふしぃぃぃぃいっ」と叫んでハンマーを投げると、飛距離が伸びるような気がする。

＊藤巻　川崎在住の五〇手前のオヤジで著者の頼もしいほうの相棒。昭和の大登攀時代を生きた最後の現役。自室にある山岳雑誌「岳人」のバックナンバーの間に、若いころタイで遊んでいた女の子の写真を隠している。絶倫。

＊淵《ふち》　水深が深く流れの緩い水路。同義語はトロ場。

ま行

＊巻く・高巻き　困難な滝や岩壁の直登を回避して、周辺の緩い斜面を利用して滝の上まで登る行為。

＊宮城公博　著者のこと。無職の沢ヤ・クライマー。別名「なめたろう」、通称「ナメちゃん」。作家・探検家の角幡唯介から「日本を代表するアルパインクライマー」と評されるが、日本代表枠が一五枠あれば入るかもしれないという程度の力量。そもそも、アルパインクライマーは絶滅危惧種であり人口が少ない。

やらわん行

＊藪《やぶ》漕《こ》ぎ　藪（背丈ほどの草、木、ツルなど）を掻《か》き分けながら進むこと。ジャングルの沢登りの場合、行程の五割はこの藪漕ぎになる。

＊ユマーリング　懸垂下降の逆で、ロープを頼りに上へと登る行為。商品名のユマールからきており、正式名はアッセンディング。別名きのぽん。

カバー写真 撮影・イラスト　宮城公博
台湾・チャーカンシー第二ゴルジュ。
絶望的な一〇メートル直瀑の登攀ラインをうかがう大西良治。

口絵写真 撮影　宮城公博、高柳傑
佐藤裕介、藤巻浩

ブックデザイン　鈴木成一デザイン室

第一章

逮捕！日本一の直瀑・那智の滝

日本一の滝は和歌山県にある。熊野・那智の滝は一三三メートルの落差を誇り、一段の滝としては日本最大の瀑布だ。巨大な一枚岩を縦に割るように轟々《ごうごう》と水を落とすその姿は、数ある日本の滝の中でも格別な風格があり神秘の存在を思わせる。おそらくはるか古代、人がこの滝を初めて目にしたそのときから自然崇拝の対象にされてきたのではないだろうか。

滝の前には日本全国に三〇〇〇余あるといわれる熊野神社の総本山・熊野三山のひとつ、熊野那智大社が六殿からなる社殿をかまえている。社伝には「神武天皇が熊野灘から那智の海岸〝にしきうら〟に御上陸されたとき、那智の山に光が輝くのをみて、この大瀧をさぐり当てられ、神としておまつりになり……」と綴られている。神武東征の時代から現代に至るまで、那智の滝信仰は熊野のみならず全国に広がっていき御神体として崇《あが》められてきた。今では世界遺産のひとつにも数えられ、社殿と那智の滝が並ぶ姿は雅やかそのものだ。

二〇一二年七月一五日の午前八時、那智の滝、その左の岩壁部、滝壺から約八〇メートルの高さに私はいた。私の右一〇メートル先の空間には、垂直に流れ落ちる巨大な水の束があり、風にあおられた水の飛沫《しぶき》が時おり頬を触りにきていた。

見上げると岩壁は大きく反り返り、上端には滝の落ち口が見える。上流からの圧力で押し出された水は、落ち口から勢いをもって飛び出すと、宙を暴れるようにして少し舞い、重力によって収束され、巨大な水の束となって私のそばを落ちていく。その水の束は、滝の中間にある岩壁の凸部にぶつかると、扇のように飛散し緩やかに滝壺へと吸い込まれていく。その一部は水面に反射して滝壺の上へと跳ね上がり、滝壺を覆うように薄い飛沫のドームを作る。那智の滝が生まれてから、何千年、何万年と繰り返され続けた滝と水の歴史。それは水の浸食、地震や造山活動で、形を変えながらも延々と今日まで続いてきた。その長い歴史の中、今までにない現象、「沢ヤ」なる三匹の男が滝にへばりつく。私は今、二人の仲間と共に、日本一の直瀑・那智の滝を登っている。

滝の威厳と飛沫で空気が凜として、真夏にもかかわらず晩秋のような冷たさを感じさせていた。振り返ると、那智大社の社殿と青岸渡寺《せいがんとじ》の三重の塔があって、朱色が印象的なそれらの建築物は、左右にある緑の尾根と並んでひときわ映えて見えた。その先には尾根に囲まれるように熊野灘の海が広がっている。

下を見ると滝壺の先にある滝見台に人が集まり始めていた。ここから滝見台までは二〇〇メートルほどの距離があり、彼らが滝を見上げているのか私を見ているのかはよく分からない。私は岩溝《いわみぞ》に生えた木の陰にいた。繁みが私の姿を隠し、おそらくまだ下の人たちは私のことに気づいてないはずだが、それも時間の問題だろう。ロープを引いてトップ（先頭）を登っている仲間は、もうすぐ繁みから飛び出し、滝見台から丸見えの最も目立つ岩壁部分に乗り移ろうとしていた。

私のすぐ隣にいるもう一人の仲間が、滝見台に集まる人を見て何やらぶつぶつと文句を言っている。佐藤裕介だ。佐藤は日本のみならず世界でも「最強」と評価されるアルパインクライマー。高いクライミング能力と百戦錬磨の経験、下手に触れればこちらが火傷するような熱い情熱で山に挑んでいる魂のクライマー。ニセモノの自称登山家がはびこる登山界において、誰もが認める数少ないホンモノの一人だ。

トップで登っているもう一人の仲間、大西良治。佐藤ほどの知名度はないが、過去やってきたことの凄まじさは佐藤に勝るとも劣らない。普通の沢ヤが一生をかけて夢見るようなゴルジュを、単独でより難しいスタイルで毎週のように登り尽くし、彼によって初めて解き明かされたゴルジュは無数にある。近年の沢ヤ界では、大西登場前、大西登場後と言われるほどに沢ヤの歴史に影響を与えている。私が知る限り、世界で一番沢登りが上手い男だ。

その大西が今、岩溝から生えた木の最先端から、滝の最上部の反り返った岩壁に乗り移る。もう大西の姿は神社の滝見台から丸見えだ。いつ見つかってもおかしくはない。私の脳裏に「逮捕・会社クビ」がよぎるが、そんな中、大西は那智の滝最上部の悪絶な壁をじわりじわりと登っていく。

なぜ私たちが、あきらかに登ることが許されないであろう御神体・那智の滝を登ろうと思ったのか、答えはシンプルだ。別に目立ってやろうとか、名を売ってやろうなんて考えは毛頭ない。国内の岩壁や大滝が登り尽くされたこの現代に、未だ日本一の滝が未登のまま残っている。しかも滝の形状は国内の滝では他に類を見ないほど見事に整った一枚岩。そんなものがある以上、沢ヤなら登りたいと思わないほうがおかしいのだ。沢登りを始め、那智の滝の存在を知って以降、私は何年もこの課題のことを考え続けた。

しかし、滝は御神体であり、自然崇拝の対象としては日本有数の参拝客を集めている那智の滝だ。幾人かに登攀《とうはん》の計画を話したが、一緒に登ってくれる山仲間など誰もいなかった。だが、それに二人だけ賛同する男がいた。それが佐藤と大西だ。聞けば、私から那智の滝計画を知らされる以前から、二人ともこの滝を登攀の対象として考えていたのだ。それから滝の登攀を実行するまでに時間はかからなかった。

参拝客や神社にバレないように、夜明け前からヘッドランプの明かりを頼りに滝を登りだし、参拝客が集まる午前九時までに登り切る計画でいた。だが、その計画は変更された。夜明け前、駐車場から柵を越えて滝壺の横に立ったとき、滝壺から跳ね返った飛沫と風が身体にぶつかった。そのとき、暗闇で滝の全容が見えないにもかかわらず、滝壺だけでも神の存在を感じさせる堂々たる雰囲気が私に伝わったのだ。すると不思議なことに、隠れて登ろうという気がなくなった。日本一に挑むのに、見つかって捕まることを気にし、こっそり登ろうなど、とんでもない保身。夜明けを待ち、ここだというルートを見極め堂々と登るのが、クライマーとして、沢ヤとして、滝に対する礼儀だ。

夜明けを待ち、ここぞというルートを見極め、私たちは登りだした。この場所にたどり着くまで、堂々と那智の滝と正面切って向き合い触れ合ってきた。そして今、先頭の大西が那智の滝の最大の核心部分であろう反り返った壁にさしかかっている。不安定なクライミングをしているのが見て取れる。最強の沢ヤ、あの大西がてこずっている。過去、幾多の悪絶なゴルジュや大滝を、ひょいひょいと軽くこなしてきたあの大西が、那智の滝最上部の岩壁では苦戦している。日本一の直瀑・御神体・那智の滝、それは登攀の対象としても、日本一に悪絶で難しく……。

「下りてきなさい！」

突如、拡声器の音が滝に響いた。見下ろすと、滝壺近くに神社関係者や警察らしき人たちが集まりだしている。「下りてきなさい！」という声はいつしか荒らげられ「下りろ！」という怒鳴り声に変わった。

大西は拡声器の声を振り払うように吠え、じわりじわりと滝の核心部を登っていく。相当なプレッシャーに違いない。滝の瀑音で大西には聞こえないかもしれないが、「頑張れ」と声を出して祈った。しばらくすると大西の動きが止まった。大西はこちらへ振り返り、しかめた顔で腕を振りながら叫んだ。

「駄目だ、登れないっ！　下ろして！」

佐藤がゆっくりとロープを操作して大西を下ろす。大西はロープにぶら下がり、壁にセットした登攀器具を回収しながら下りてきた。

「何の手掛かりもない、無理だ……」

いつも飄々《ひょうひょう》とした男は、汗びっしょりになり、顔をくしゃくしゃにして悔しがった。日本一の滝は、悪絶で、難しく、そして私たち三匹の沢ヤの力は、そんな自然のパワーに遠く及ばなかった。敗退だ……。

下から拡声器で罵詈雑言《ばりぞうごん》を叫ばれているが、私たちはそのまま滝壺に素直に下りようとしたわけではなかった。いや、私は下りようと思ったのだが、佐藤が驚きの提案をしたのだ。

「さっきから見ていたんだが、ここから左側の藪の斜面まで登っていけば、左側の尾根に抜けて逃げれるんじゃないか？　よし、ナメちゃん（著者）、ロープの操作を頼む」

そう言い終わると、佐藤はさっさと左への逃走ルートの工作に出た。私は佐藤の言動に唖然とし、しばし頭が真っ白になっていた。警察から逃げるとは思いもよらない発想だ。さすが世界のアルパインクライマーは魂のありかたが違う。頭のネジが飛んでいる。私と大西はロープをたどって佐藤の元へ向かった。

「大西さん、ナメちゃん、思った通り、ここから藪《やぶ》づたいに滝の左上に抜けられそうだ。そこからは藪を漕《こ》いで山を回り込んで逃げればいい。山に入っちゃえばこっちのもんだ」

佐藤はさも当然のように言った。私はさっき動揺して言えなかったことを佐藤に言った。

「いや、裕介さん（佐藤）、逃げるってさ、ちょっと考えてよ。日本の警察舐《な》めすぎじゃない？　そもそも俺たちの車、神社の駐車場に停めてるんだぜ。財布もケータイもないし……。下りて平謝りしたほうがダメージ少ないって。現時点でもヤバいのに、逃亡罪までついたら、俺一〇〇パーセント会社クビだ」

「む、確かにそうだな。そうするか。とにかく下りたら、登っちゃいけなかったなんて知らなかったと、しらを切ろう」

懸垂下降で滝壺の横に下りると、神社関係者や強面《こわもて》の警官から「てめぇらやってくれたな」と、罵声を浴びせられた。そしてその中で誰よりも怒りを発する男がいた。八〇メートル上から見下ろしていたときでも、警察・神社関係者の群衆に紛れることなく、一人だけ圧倒的なオーラを発し、主張し、こん棒みたいなものを振り回し、警察から拡声器を取り上げて怒鳴っていたあの男だ。男は崇高そうな白い衣をまとい、その頭部は見事に禿《は》げ上がり、老齢だがそれをまったく感じさせない面魂《つらだましい》をもって、ギラついた眼光で憤怒を発し続けていた。熊野那智大社・宮司だ。

宮司という立場にある男とは思えないほど、その怒りは、素直で純粋で無垢な、魂の震えだった。

そんな状況で、佐藤はふてぶてしく開き直っていた。心臓の太いやつ、どうしようもないほどに沢ヤだ。火に油どころか、核爆弾の雷管をハンマーでフルスイングしている。

「逮捕しろ！」

神社関係者たちが叫ぶ。私はすぐに逮捕されるかと思ったが、なかなか警官は私たちを逮捕しなかった。警官はしきりにどこから滝に行ったかを聞いてきた。

「お前ら、どこから滝壺に入ったんだ。この柵こえたのか？　それともあっちの柵か？」

「暗かったからよく覚えてないな、この辺からだったかな」

佐藤がとぼけて答えた。

「確認するぞ、ここだな。この柵をまたいだんだな。よし、○時○分、軽犯罪法違反で逮捕だ、車に乗れ」

警察車両に乗せられる。窓のないテレビドラマとかで見たことのある犯罪者を乗せるやつだ。正直、ここまでくると手錠をかけてくれることをちょっと期待していたのだが、手錠はかけられなかった。

警察が私たちをなぜすぐに逮捕しなかったのか疑問に思っていたが、先ほどの警官の言動からひとつの推測を思いついた。おそらく那智の滝を登ること自体では、すぐに逮捕することができなかったのではないだろうか。那智の滝は那智大社が所有する土地だと私は思っていたが、そうではないのかもしれない。日本では災害対策などの諸事情で、河川や滝は、個人・法人が所有できないことになっているらしい。那智の滝もその例外ではないのかもしれない。「立ち入り禁止」と書かれた柵を乗り越えたのが罪状になったのは、そういうことなのではないだろうか。

神社を離れ、新宮警察署に着く。すると、滝壺で怒鳴っていた警察官たちの態度は一変した。

「ま、取り調べはすぐ終わるから、今日、帰れるよ、しかしすげーなお前ら」

神社関係者の手前、必要以上に怒るふりをしていたのかもしれない。

ロープ、カム、ハーネスなどの登攀具を証拠物として押収される。三人別々の取調室で取り調べを受ける。

体格のいい警官に、職業・動機を聞かれた。

「サービス業です。動機は……、普段から趣味で沢登りをしているので、日本一の滝が那智の滝だと知って、それを登りたかった」

正直そのまま、答えた。

用足しで取調室を出ると、隣の取調室に佐藤がいた。雑誌で気取った顔でインタビューを受けている佐藤の姿を思い出すと、目の前で取調室にいる佐藤は、異観でシュールだった。

取り調べが終わると、指紋を採取される。大西はクライミングのしすぎで指がまっすぐに伸びないので、指紋採取で警官に無理やり手を押さえられて指を伸ばされると、

「いてっ、痛い、痛いって」

と、悶絶《もんぜつ》していた。

二〜三時間の取り調べが終わると、解放された。

ケータイを見ると、すでにニュースになっているらしく、仲間からいくつかのメールが届いていた。佐藤に届いていたメールと合わせて紹介する。

「メジャーデビューおめでとう（探検家・角○○介）」
「なんで最後まで登んなかったんだ！　だせぇなぁ（アルパインクライマーJ）」
「ヤフーニュースで見たけど、あれ宮城君？（元彼女）」
ヤフーニュース!?　私はスマホをなぞってブラウザを開いた。「クライマーが世界遺産・那智の滝を登攀」といったような見出しがニューストピックの二位に浮上していた。顔面蒼白になった。これは完全に会社を辞めることになる……。

大西は会社に電話をし、平謝りをし始めた。アウトドア企業からサポートを受けていた佐藤は、関係各所に電話をしまくり、謝罪し状況説明をしていた。翌日、娘と近くを旅行していた佐藤の妻がゴルジュ感謝祭のキャンプ地に来て、佐藤の目の前で泣き崩れた。

ここまで大騒ぎになるとは、想定外だった。さすがの私もどん底の気分になる。会社に帰り、いったいどう上司に説明すればいいのか……。

翌週、頭を丸めて三人で那智大社に謝罪に行った。社殿の一室、八○歳に近い宮司は眉を吊り上げ怒りながら、あるいはほがらかな顔で優しく私たちを諭しながら、滝への熱い想いと歴史を語った。それを聞くと、こんな私にも思うところはあった。宮司が生涯を捧げてきた那智の滝・地元那智勝浦町への情熱の前では、私たちの登攀の情熱など、そのとき限りの小さなものだったのではないか……。

雑誌、ネットにはいろいろ書かれたが、もとより私たちに神を冒瀆《ぼうとく》しようなどという意図はなかった。ずっとやってきた滝登りという私たちなりの自然への触れ合い方を、那智の滝でもやるだけだと思っていた。ただ、下調べが足りなかった。滝の形状は写真で撮って拡大して見ていたが、滝の歴史に対する勉強は皆無だった。私たちが登った日が那智大社の火祭りの翌日で、それが二〇一一年に紀伊半島を襲った大水害からの復興のシンボル的イベントだったことを事件後に初めて知った。

「いくらなんでも、せめて別の日に登ればよかった」と、悔やんだ。

「なんでそんなとこ登ったのよ！ どうなるか、わかるでしょ」

職場の会議で問題となり、女の上司は声を荒らげた。

日本一の滝という称号を抜きにしても、那智の滝は美しい。小さな滝を含めれば、私はこれまで無数の滝を登り、見てきた。その中でも那智の滝ほどに威厳を放ち、整った形の滝はそうそうない。そんな滝が誰にも登られていないという事実が、私に「人間に登ることができるのか？」という疑問をもたらした。疑問は日に日に深まった。それは発作的な恋に蝕まれるようなもので、疑問を解決しないことには夜も眠れなくなってしまうのだ。登っている自分を想像してゾクゾクし、まだ誰も見ぬ世界に夢を膨らませた。はたから見たら馬鹿げたことなのかもしれないが、そのような冒険心・好奇心が私の行動原理の全てである。

「美しいから登る？　そんな子供みたいな言い訳が許されるはずないじゃない。あんた、何で、バカ……」

女上司は一瞬声を荒らげたあと、そう言って涙ぐんだ。母のように私を育ててくれた人だった。

それから数日後、私は七年間務めた福祉施設を辞めることになり、無職になった。気落ちし、悩んだ。

幸い、私には少しだけだが貯えがあった。この際、今までなかなかやることができなかった国内外の大きな沢や山に行こう。開き直って、そう気持ちを切り替えることにした。それが今後の人生にとって正しい決断だったかは分からない。ただ、そうやって生きていくことが私にとって一番自然だと思ったのだ。

まだ人類が知らない渓谷や岩壁を登りに行き、誰も見たことのない景色を目にする。地図を眺め、想像を膨らませた。

第二章　タイのジャングル四六日間の沢登り　その一

1　ミャンマー

那智事件から数年、私はちょこちょこと日当労働で日銭を稼ぎつつ、国内外にあるいくつもの巨大な課題に挑戦していった。台湾最強のゴルジュ・チャーカンシーの初遡行。頂上こそ踏めなかったが力を振り絞ったカラコルムK6北壁でのアルパインクライミング。日本最後の地理的空白部「称名廊下《しょうみょうろうか》」。そして二つの日本一の滝の冬期初登攀……。

「ナメちゃん、いったいどうやって遠征費、みつくろってんの？」

山仲間からよく聞かれる。当然、スポンサーなどいない。日雇い労働と、山岳雑誌にちょいちょい書いているぐらいで、年収は一五〇万ちょっとといったところだった。

それを私と同じく短期労働を繰り返しながら山浸りしている仲間に話すと、

「意外だ、遊びまくってるように見えて、けっこう働いてるんだな」

と、言われた。真っ当に働いている人が聞いたら怒りだすような感覚だが、私の周りにはこういうクライマーが一〇人ぐらいいる。いや、私の周りに限定せず、日本まで範囲を広げても一〇人くらいかもしれない。

海外で成果を出すようなクライマーが、どうやって収入を得ているか不思議に思う人は多いだろう。今どき、企業が金を出してくれるなんてまずないし、そもそもクライマー魂の問題で、企業のロゴ入りの服を着て登るなんてダサいことはやれない。重役風の男と握手をする写真をブログに載せ、「登山家」「冒険家」なる職業を名乗っている男など一〇〇パーセント、パチモンだ。ホンモノのクライマーなら、自分で仕事をコントロールできる山岳ガイドか、ちょっと割のいい山関係の短期労働で稼ぎ、質素な生活で支出を減らしてプライドをもって山をやるものだ。もしくはヒモ。

できれば私は、クライマーとして一番安定するヒモになりたかった。クライマーとして腕を上げていくことで、いずれ女子にモテると思っていた。もちろん現実はそんなに甘くない。魂の震える会心の登攀をいくらしたところで、女子の子宮には一ミリも響かないのである。小学生であればクラスで一番程度の足の速さでモテるが、大人になると世界最速のウサイン・ボルトになる必要があるということだ。山の世界でいうなら小説・映画『神々の山嶺』の主人公、伝説のクライマー羽生丈二にならなければならない。私にはいささかハードルが高すぎる。

正直、リーマン時代の貯蓄も底をつき、もうこのペースで海外遠征に挑戦し続けるのは経済的に困難になっていた。歳も三〇を超え、「いい加減に就職しろよ」という親からのプレッシャーもきつい。ATMで残額を見るたびに、「う、やばい」と危機感を覚え、『闇金ウシジマくん』の世界が他人事でなくなって、漫画喫茶で『闇金ウシジマくん』を読むたびに鬱になってしまう。そろそろまともに働かないとヤバい。

当分は仕事に時間をとられ、遊べなくなると思うと憂鬱だ。そう思うと、次の海外遠征先選びも慎重になった。

やるならば、広大で、誰も行ったこともないような山域がいい。それもこれまで誰も考えたことのないような発想で沢登りがしたかった。私は情報の少ないミャンマーに目を向けた。

ミャンマー・ヒマラヤ山域に最初に興味を持ったのは、一九九六年の尾崎隆隊による東南アジア最高峰カカボラジの初登攀の記録からだ。鬱蒼としたジャングルを二〇〇キロ以上行軍し、山の写真すらまともに出てこない鋭鋒を目指す冒険記は、まだ本格的に山を始める前の私の心に熱いものを残していた。

観光地化されたネパール・ヒマラヤに比べ、カカボラジをはじめとした東部ヒマラヤ山域には、未だ原始の山が残されている。そう思いながらコーヒーを片手にグーグルの地形図を眺めていた。

「あれ？　カカボラジの隣にある山、カカボラジより高いじゃないか」

目を疑い、何度も地図を見返した。今この時代にこんなことが起こり得るのだろうか。カカボラジから南西に向かって五キロ、インドとの国境地点に、ミャンマー最高峰カカボラジより一〇〇メートルほど高い山があるのだ。地形図の間違いでなければ、これこそがミャンマーの最高峰だ。調べた限り登頂の記録はない。現代において諦めかけていた高峰でのパイオニアワークが残されているかもしれない。怒濤のような歓喜に襲われ、その日のうちに計画書を書き上げた。

ミャンマーを東西に二分するエーヤワディー川沿いの道をヤンゴンの海から自転車で北上し、ミャンマー最北の街プータオを目指す。そこから先の山間部に入ってからは、六週間分の荷物を背負い人跡未踏のゴルジュを繋ぎ合わせて一〇〇キロ以上を遡行する。標高を上げて氷河帯に入ってからは、沢用のタビから重登山靴に履き替え、アイゼンとアイスアックスで新最高峰の北壁を登攀し、さらに旧最高峰カカボラジまで八キロ縦走する。海から氷河の未踏峰へと突き上げる究極の沢登りだ。日程は山中だけで六週間、自転車のパートを合わせると三カ月以上かかる遠大なものになった。

二〇一四年一〇月、計画実行のために三カ月半の休みを取った私は、ミャンマーを目指し、日本を飛び立った。乗り継ぎのソウル空港でパートナーの自称フォトグラファーの高柳《たかやなぎ》傑《すぐる》と落ち合う。高柳は私より五つ年下の男で、国内外で何度か一緒にクライミングをしている。今回の私の計画を聞いて、唯一、ついていきたいと言った男だ。登山の実績はたいしたことないが、若くてなんとなく情熱もある。何といっても三カ月以上も海外で山登りをできる暇人など、高柳以外にいなかった。

ソウルから六時間、ヤンゴンの空港に降り立った。冬山装備・沢登り装備が全て詰め込まれた私のザックは、一メートル三〇センチほどの高さになり、背負うと頭一つ分ザックのほうが高くなった。タクシーの運転手は巨大なザックを背負う私たちを見て、不思議な生き物でも見たかのように微笑んだ。

空港から四〇分、ヤンゴンの街は古きよき東南アジアの匂いで満ちていた。英国統治時代に造られたコンクリートのビル群は、隣り合う建物と隙間なく建てられ、その軒先にはさまざまな露店が並び、人々は狭い路地で身体を擦《こす》り合わせるように行き来していた。少し観光でもしたいところだが、まずは入域許可取得のために役所をまわらなければならない。やることは多かった。というより、普通の海外遠征登山をする者なら、事前に日本でいろいろ調べ、ミャンマー政府に許可を得るなどの段取りをするのだが、私たちは一か月分のビザを取ったぐらいでなにも準備していなかった。

少し前まで軍事政権だったミャンマーは、未だ内戦状態の地域があり、地域によっては外国人の立ち入りが厳しく制限されている。事前に許可を取らなかったのは私も高柳もモノグサだったのと、そもそもこんな無茶な計画が通るわけないからだ。最悪、現地で簡単に許可が出ないなら、こっそりやればいい。検問ゲートは夜くぐるなり、賄賂で切り抜けようと考えていた。登山が終わったあとなら、逮捕されて国外退去の出入り禁止になってもいい覚悟があった。

とはいえ、最低限、やれそうな筋だけは通しておいて損はない。国立公園の入域許可ぐらいは取っておこうという話になった。役所をまわることにする。日差しが強く、暑かった。乾期のはずだが、夕暮れの決まった時間にスコールが降り、地面を叩いた。

役所で三〇分待つ。出てきた担当者からは、ここじゃなくて別のところに行けと言われる。別の役所に行くが、担当者が休みだから明日来いと言われた。宿に戻り、屋台で買った焼き鳥を齧《かじ》り、ミャンマービアを飲んだ。宿は二畳の部屋に二段ベッド。コンセントがひとつしかない。二人ともスマホでゲームをしたいのでコンセントの取り合いになった。私は高柳のコンセントをこっそり抜いて、私のスマホにつないだ。

「パイセン、ほんと勘弁して下さいよぉ。僕のアイフォン、もう一〇パーセントしかないんですよ。そんなんだから日本一の外道クライマーとか言われるんですよ」

「そのひどいあだ名つけたのはお前だろう。SNSで流すもんだから広まっちゃったじゃないか。俺は女子にモテるちょい悪ぐらいのクライマー目指してんだよ。俺がこれまでなんのために山やってきたと思ってんだ。女の子にモテモテになって、一緒にハイキングしてきゃっきゃうふふしてぇんだよ。そもそもな、俺のスマホはハイスペックで電力消費が激しいうえに、バッテリーがへたってるから、仕方ねぇんだよ。お前こそ、その消耗の激しそうな３Ｄゲームをやめろよ。俺はアナログな２Ｄゲームで我慢してるんだぜ」

くだらないやりとりと怠惰な日々が続いた。とてもこれから大冒険をするというシリアスさはない。その後も許可関係の話は一向に進展しなかった。一週間も過ぎると、無許可入域やむなしと考え出していた。私の考えに対し、高柳は慎重だった。行き当たりばったりの旅を嫌い、反論した。私はそんな高柳を臆病な奴だと思い、イラつき、こう言った。

「検問や地雷原は山の縦走で迂回すればいい。立ち入り禁止地域も夜中にこっそり行けばいいだろ。そもそも地雷なんてそうそう踏まねぇよ」

高柳は顔を硬直させた。

衝動と自制、相克するそれらをいかに高め、研ぎ澄ませ続けるかが、アルピニズム・冒険の基本中の基本なのだが、それが分かっている現役は今の日本に二〇人もいないだろう。あり得ないことを「発想」し、それを鍛え上げた知識・経験・判断・肉体・精神・魂で、クールに「実行」するのがナウいクライマーであり沢ヤなのだ。だから地雷原とて沢ヤなら突破せねばならない。沢ヤ得意の岩石投げやハンマー投げで地雷を確認すればなんとかなんじゃないかな、たぶん。

しかし、それを高柳に一からレクチャーするのは暖簾《のれん》に腕押しというやつだ。暖簾である高柳にはバズーカぐらい持ってきて吹っ飛ばす必要があるが、そこまでのエネルギーは俺にはない。

仕方なく手続きを進めていくが、日本のミャンマー大使館で聞いたときは問題なしと言われたことも、現地では話が変わった。それもコロコロ変わる。もともとミャンマーは外国人に対する行動制限が多いのだが、それも毎年のようにルールが変わるらしく、役人たちの説明は意味が不明で話すのも嫌になってきた。

いろいろ情報を得るなかで、新たな事実も分かってきた。縦走予定のカカボラジ山でミャンマー隊が遭難騒ぎを起こし、中国からもレスキュー隊が入り二重遭難まで起きていて、同山域はかなり騒がしくなっているというのだ。

それとは別に、日本のテレビ局隊と『ナショナルジオグラフィック』隊もカカボラジの登山をするという。近隣の山域にはトレッキング目的の旅行者も増え、ゲリラや盗賊から外国人を守るために軍の警備も厳重になっているというではないか。国立公園であるカカボラジ山域への入域には、現地人の同行が必須で、軍の指定したキャンプ場を通らなければならない。私の計画は指定された道とは違うゴルジュから行くものなので、必然的にルールを破って入域するしかない。田舎の山域なら警備をかいくぐってこっそり行けると想定していたが、今回の遭難で騒がしいことになり、それが不可能のように思えてきた。無理やり計画を実行しようとすれば、どこかで捕まって国外退去させられるのがオチだろう。

そしてこれは、実は出国直前に分かってショックを受けたことだが、私が発見したと思い込んだ新最高峰は、ガムランジ山という名前がすでについており、一年前の夏、すでにミャンマー・アメリカ隊によって初登頂されている。これには悔しい思いをしたが、初登頂はなくなっても、私の計画は人跡未踏のゴルジュから未踏の北壁を登りに行くものなので、それをモチベーションとしてミャンマーまで来ていた。

しかし、これだけ望まない事実を突き付けられると、さすがにモチベーションも失われていった。高柳も完全にやる気をなくしていた。

仮に軍の警備をかいくぐり、地雷原をすり抜け、なんとか山伝いに北上し、未踏壁を登攀して山頂にたどり着いたとしても、山頂で隣の山にテレビカメラを担いだ登山隊を見ることになるかもしれない。おまけに、麓を見れば色とりどりのテント村を目にすることになるかもしれない。遭難救助でヘリが飛び回っているかもしれない。

そもそもガムランジ北壁の初登攀なんてオマケにすぎず、人間のいない自然の奥深くに入り込むことこそが目的だ。今、その目的の場所は人で溢れている。それを想像すると、なんのためにここまで来たのか分からなくなり、計画を実行しようという気は完全に失せた。

近年、ミャンマー政府はこの山域をエコツーリズムの対象として開放しだしているらしい。秘境中の秘境だと思っていた山域は、すでに社会の枠組みの中に組み込まれはじめていたのだ。自分の登山人生の集大成のように考えていた計画が、企画倒れに終わったことに意気消沈したが、仕方がない、こういうこともある。よくある。来るのが少し遅かったのだ。山は逃げる。

気持ちを切り替え、次に何をするかを考えなければならない。私と高柳はヤンゴンのネットカフェに入りびたり、グーグルの地形図と衛星写真を睨《にら》み続けた。隣国のタイにも結構でかいジャングルがある。なるほど……、高柳と三分相談し、タイまでの格安チケットをポチっとした。魂の震える沢登りをルールの緩そうな隣国タイでやることにしたのだ。

タイへのフライトまで二週間ほど時間をあけた。せっかくミャンマーまで来たので、何もせずに帰るのももったいない。気晴らしに二週間ほどかけて自転車でミャンマーを巡り、衛星写真で見つけたバカでかい連瀑がある沢を遡行することにしたのだ。

灼熱の道路を中古のママチャリで走る。道端に転がっている人間の死体を横目に、暴走トラックに跳ねられそうになりながらママチャリで走る。そして目的の沢へ向け一週間……。軍のゲートで止められた。軍人は言った。

「ここから先は紛争地で、お前たちが行こうとする場所は地雷も多いんだ」

ふむ、このゲートを突破するには五人の武装軍人を、ザックの中に忍ばせている沢ハンマーでぶん殴る以外なさそうだ。

しかし、軍人たちは怪しい日本人の俺たちを、なんとかゲートの先へと進めないかと関係各所に連絡してとりつくろってくれた。いい人たちだ。いい人を殴ってはいけない。そして仮に殴ろうとしたら一〇〇パーセント返り討ち、沢ハンマーでM16小銃とやり合う戦闘能力など俺にはない。

しょうがないから無名の標高三〇〇メートルぐらいの藪山へ向かった。藪山の麓を流れる温かい沢を、車輪の四分の一ぐらいが水中に浸かりながらも、頑張って立ち漕ぎで走り、どうにも自転車では走れなくなったところで、焚き火をした。そこに偶然、山仕事の人が通りかかる。ミャンマーでは外国人の宿泊は、許可を得た一部のホテルでしかできない。密告制度もあり野宿がバレれたら、ここでも逮捕だ。

「やばい、火を消して伏せろ」

と、高柳と二人で息を殺し伏せた。夜が更けるまで息を殺し続けた……。

翌朝、高柳の顔の横に黒いサソリがいた。高柳の唇はタラコのようになっている。サソリに刺された……、のではないだろうが南国の虫たちからの手ごわい洗礼だ。この先のタイのジャングルではいったい何が待ち受けているのだろうか、私は、高柳のタラコ唇を見ながらわくわくしていた。

2　準備

二〇一四年一〇月三〇日、バンコクの空港に降り立つと、高柳の友人兄弟が迎えに来てくれていた。パウとその弟だ。パウは高柳の写真学校時代の友人だ。四年前まで弟と共に日本に留学していたらしい。彼らのはからいでタイでの沢登りの準備が終わるまで、両親と四人で暮らす彼らの家に居候させてもらうことになっていた。

私はミャンマーを出国する数日前から原因不明の高熱に悩まされていて、高柳からはマラリアじゃないかと疑われるほどに弱っていた。

大汗をかいてヤンゴンの宿で寝こんでいたとき、高柳は、

「汗くせーなパイセン。まじ窒息しますわ」

と、部屋を出てロビーへ行った。部屋の外から日本人の女の子の声が聞こえる。高柳の声もする。高柳は、自分はクライマーで、フォトグラファーで、アラスカの氷壁を登ったただのと自慢をしている。

「くそっ、高柳の野郎、盛った話で女口説きやがって」

高熱と燃え上がる嫉妬心で脳がヒートアップしてきたが、しばらくすると高柳は戻ってきた。看護師をしているらしい女から、解熱剤をもらって持ってきてくれたのだ。見直した、いいところあるじゃないか。

そのおかげか、タイの空港に着くころにはずいぶん良くなっていた。とはいえ、まだフラフラしていて、スクンビットやカオサンで一泊一〇ドル以下の不衛生な安宿に泊まることを考えると、パウ家に滞在できることは本当に助かった。高柳さまさまである。

空港から車で一時間ちょっと走るとパウの家に着いた。家は閑静な住宅街にあり、パウが車内からリモコンボタンを押すと、ウィーンという音とともに門が自動で開いていく。パウ家は金持ち一家らしい。迎えてくれたパウの両親は、私たちの薄汚れた巨大なバックパックを見て少し驚くが、みすぼらしい衣類の私たちを笑顔で歓迎してくれた。

パウ兄弟に六畳ほどの部屋に案内された。パウの弟の部屋だ。私たち二人が滞在する期間、この部屋を自由に使わせてくれるというのだ。部屋にはベッドとソファーベッドが並んでいる。体調が悪い私はベッドのほうで眠りたかったが、高柳の友人の家ということで気を使い、ソファーベッドのほうに腰かけた。すると高柳は少しの戸惑いも見せずにベッドのほうに寝転がった。

「宮城さん、この部屋、Ｗｉ－Ｆｉサクサクですよ、ここは天国です。いやぁ、僕がパウと友達でよかったですね。か・ん・しゃ、して下さいよぉ」

半病人の私にベッドを明け渡してくれるものと期待していたが、高柳の性格を甘く見積もっていた。こいつはこういう男なのだ。

部屋を見まわすと、日本のアニメのポスターが張り巡らされ、いくつかある本棚には見知った日本の漫画が、日本語版とタイ語版に分けられて並んでいた。アニメキャラクターのフィギュアも飾られている。パウ弟はアニメオタクらしい。

隣のパウの部屋を覗きに行く。弟の部屋と同様にアニメのポスターと漫画に溢れている。兄弟そろって重度のアニメオタクということらしい。沢ヤの私にはディープなアニメの世界は分からないが、たしなみ程度に動画サイトでアニメを見ながら晩酌を五時間ほどすることを日課にしている。だからパウ兄弟に好感を覚えた。

そんな環境で、昼間は買い出しで登山の準備をし、夜はゲーム・アニメ・酒というときめきのふわふわ時間《タイム》を過ごした。パウ家にはお手伝いさんが三人もいて、飯も食べ放題だ。ミャンマーでは脂ぎった料理しか食べていなかったので、あっさりした食事がずいぶんとおいしく感じられた。

怠惰な日々が続いた……、ある日、夕食の席でパウの父から質問を受けた。

「他にいっぱい高い山がある国があるのに、低い山しかないタイに来たのはどうしてなんだ？」

山ヤでも沢ヤでもないパウの父に、タイでの登山の理由をうまく説明するのは難しかった。なにせ私が好むタイプの登山は、日本の山仲間にも理解されず、変態扱いされている。ヒマラヤにある高低差三〇〇〇メートルの氷壁を初登することを目標に生きているクライマーに、「東南アジアのジャングルにあるかもしれない二〇〇メートルぐらいの岩壁や滝を登りに行く」と熱弁しても理解はされない。私は少し考え、こう言った。

「日本人はヒマラヤやカラコルムの高峰にはよく行くけど、低い山しかないタイに登山を目的に行く人は少ない。だからこそ、ここに来たのです。山の標高は低いけど、山麓には広大なジャングルがあり、そこには文明の入っていない人跡未踏かもしれない大渓谷がある。そこを探検することは私にとって高い山に登ることと同等か、それ以上に価値があるのです」

パウの父に説明するためにその場でこしらえた言葉だったが、それは自分の行動原理にしっくりと当てはまるものだった。分かりやすくてでかくてカッコいいヒマラヤの壁もいいが、誰も知らないような壁や沢へ、多大な労力をかけていくのが好きなのだ。私のような登山を志向する人間は少ない。でも一定数はいる。私たちは自虐的な意味合いをこめて、この手の登山を「B級登山」と呼んでいる。

私は衛星写真で確認していたある大渓谷に目をつけていた。タイ西部にあるジャングルの奥に、日本の黒部渓谷を連想させる深く切れ込んだ大きな谷があり、衛星写真からは人里は確認できない。北から南へと流れる川に沿うように幾つもの大岩壁があり、それを登りながら沢登りができたらさぞ充実するだろうと想像した。川の名前はクウェーヤイ川。日本の黒部渓谷のような印象から、私と高柳はそこを「黒部」と名付けた。

しかし、調べを進めていくと黒部は川幅数十メートルに及ぶ大河というやつだった。川幅数十メートルというのは沢登りの対象としては大味すぎる。滝を登ったりゴルジュを突破したりという登攀的な楽しみが期待できそうにない。おそらく川沿いにただ歩くだけの牧歌的な内容になるのではないだろうか。そこが完全に人跡未踏という条件であれば、探検の対象にもなるのだが、下流域にはダムがあり上流域には集落がある。まったく手つかずの場所などとは到底考えられず、一度は旅の目的から黒部を除外した。

しかし、その後いくら調べてもタイの黒部以上の大物は見つからない。私は少し発想を変え、タイ全域にある山岳地帯・無人地帯を線で囲ってみた。すると黒部川の周辺山域が最も広大だということが分かった。パウにタイ語で調べてもらうと、その山域内にはなんの情報も出ていない区域もあった。

黒部本流は大味な大河かもしれないが、その支流には岩峰に囲まれた渓谷があり、ゴルジュの可能性がある地形的特徴の場所もある。野生動物保護区、国立公園、世界自然遺産に指定された三州を東から西へ、いくつもの渓谷を繋いで旅をする。面白そうではないか。

日本の冬山で行われる伝統的な登山のひとつに、黒部横断というものがある。雪に覆われた北アルプスの黒部峡谷を後立山《うしろたてやま》から劔岳《つるぎだけ》を目指して横断登山するのだ。世界有数の積雪地であるこの山域は、厳冬期であれば毎日のように雪が降り積もり、一晩で一メートル以上なんてことは普通だ。そこを二〜三週間分の荷物を背負い、背丈を超える積雪を掻き分けながら登山する。

実力のある者はあえて難しい尾根を選び、黒部や劔岳の岩壁登攀を加える。核心のひとつである黒部川の渡渉では、装備を濡らさないように全裸での渡渉、場合によっては寒中水泳まで行う。世界を見渡しても類のない日本ならではの登山だろう。タイでの沢登り計画は、この日本の土着的雪山登山の発想を、密林の渓谷に持ち込むものだ。

棘《とげ》で覆われたジャングルの沢を遡下降し、途中でゴルジュ突破や大滝の登攀、人跡未踏の岩峰を登るのだ。キャニオニング（沢下り）をすることにもなるだろう。その道のりは一五〇キロメートル以上になる。熱帯には雪山特有のシリアスさはないが、代わりにジャングル特有の危険が待ち受けているはずだ。行った先でまだ誰にも知られていないゴルジュや岩峰を見つけ、それを登ることができれば沢ヤとして本懐だ。計画は最低でも四五日間を想定した遠大なものとなった。

六〜七週間の沢登りとなると食料・装備計画はかなり難しくなる。北極圏などの極地探険であれば、ほぼ水平な雪面を歩くことがメインなので、長期の計画であってもソリが使え、荷物の重さや容量には寛容になれる。沢登りでは当然、ソリを使うことはできないので、荷物は自らが背負える分に抑えなければいけない。加えて、沢登りでは普通の登山と違い、ザックに入りきらない荷物を外付けできない。沢では水路を泳ぐこともあれば、滝を登ることもある。激流に阻まれたらザックを対岸までぶん投げることもある。荒々しい動きができるように、荷物は全てザックの中に収まる状態でなければならない。軽量化もさることながら、まずは嵩張《かさば》るものを思い切って排除していく必要があった。

少し悩んだが、まず調理に使う小型のガスストーブを持っていくのをやめることにした。火力は全て焚き火に依存することにしたのだ。主食も嵩張る麺類はやめて米で統一することにした。雨で焚き火ができない日もあるだろうが、そのときは水に浸すだけでご飯になるアルファ米を食べればいい。アルファ米は高価なので六キロしか持参していないが、最悪、生米をかじればカロリーだけは摂取できる。

一食あたりの量は、生米一四〇グラム＋粉末スープ、それに乾燥野菜を一つまみ程度。加えて塩・コショウ・唐辛子、タンパク源として肉鬆《ローソン》という味付きの肉の粉末を三袋。

もちろん朝晩の食事以外に、日中の行動食も必要だ。普段の長期山行の場合、行動食は一日に一四〇グラム、一〇〇〇キロカロリーを目安にしていて、これはジップロックの中サイズの袋に入る程度の量だ。四六日分となると、いつも通りの感覚で用意したらとてもザックに入りきらない。菓子は嵩張るので行動食にも粉物がいいと考えた。アルファ米が余分にあれば昼間にそれを水で戻しておにぎりにして食べればいいのだが、限られたアルファ米は焚き火ができないとき用の朝晩の食事にまわしたいのでそれはかなわない。行動食にはマッシュポテトを選んだ。

沢登りの利点のひとつに、いつでも水を汲めることがあげられる。どんなに綺麗に見える沢でも動物の糞や死骸の菌はいるだろうし、得体の知れない寄生虫もいるかもしれないが、それを気にしなければ縦走登山のように水筒に水を入れて持ち運ぶ必要がなく、身軽でいい。マッシュポテトなら粉末なのでコンパクトに収まり、かつ水でかき混ぜるだけで膨らむので食べたときの満足感もある。

食料以外の装備では、衣類と宿泊用具、登攀具がある。登攀具はハーケンを五枚、岩溝に引っ掛けて使うカムとナッツを五個ずつ、数ミリ幅の細さで一〇トン以上の衝撃に耐えられるダイニーマ繊維のスリングを二〇本。ロープは登攀用に直径八ミリ×四〇メートルのものを一本、荷引きや渡渉用に五ミリ×二〇メートルを一本。あとは一個三〇グラムの軽量カラビナを二五枚用意した。合計で五～六キロだ。通常、大きな岩壁を登るのであればこの三倍は必要なので、この量は最低限のものといえる。

宿泊用の装備には、スコールと虫対策に超軽量のテント、肩から股までの胴体分の長さに切ったウレタンマット、シュラフカバーの三点セット。シュラフカバーというのは、寝袋をテントの結露から守る防水性の布袋のことで、それ自体に保温材は入っていないが、結露や雨で衣類が濡れると体温はあっという間に奪われる。濡れから衣類を守る最後の砦として、シュラフカバーは宿泊具の中で最重要装備といっていい。

寝袋を持参しない代わりに衣類は少し充実させた。沢登り用の速乾性のウエアに加えて、寝るとき用に中綿入りの化学繊維の薄手のジャケットを持った。もし夜寒かったら沢登りで使って濡れたものを焚き火で乾かし、重ね着すれば凍えて寝られないことはないだろう。

藪《やぶ》や棘の対策に軍手を買った。沢では藪漕《やぶこ》ぎといって、背丈を超えるような密集した藪の中を進むことが多い。南国のジャングルの藪には棘があり、うっかり握ると手のひらを貫通しそうな凶悪なものさえある。藪漕ぎをしていると軍手はあっという間に摩耗していく。予備を含めて五つ用意したが、それでも心もとない。軍手には手の保護の役割もあるが滝の登攀にも欠かせない。苔の生えたヌルヌルの岩には、軍手の繊維が滑り止めの役割をするので有効だ。

足回りには沢タビと呼ばれる靴底がフェルト製のタビを用意してきた。沢タビにはラバー製のものもあるが、ラバーは岩に対するグリップが良く耐久性に優れているが、ヌルヌルした苔の生えた岩には無力だ。半面、フェルトはラバーに比べて摩擦力に劣るが、ヌルヌルの苔に対して威力を発揮する。鬱蒼としたジャングルなら必然的に選択肢はフェルト製の沢タビになる。ただ、フェルトの沢タビには弱点があり、三〜四週間も使うとかなり擦り減ってくる。終盤に靴底が擦り切れて使用できなくなる恐れはあったが、そこはもうメーカーを信じようということになった。濡れた沢タビをテント場に着いてからも履きつづけるのは不快なので、リラックスできるよう軽量な偽物のクロックスも用意した。万一、沢タビが壊れたら予備の靴としてクロックスでジャングルを脱出すればいい。

最重要装備ともいえる地形図は、グーグルの地形図を印刷したものを考えた。大きな本屋にも寄ったが、詳細な地形図は売っていなかった。グーグルの地形情報は衛星写真をもとにしたものだと思うが、大ざっぱで分かりづらい部分が多く、長期の沢登りをして目的の岩峰とゴルジュに到達するにはやや不安を感じていた。

ＧＰＳを持っていけば解決するのだろうが、自分の居場所とその先に進む目的地が正確に分かってしまうということは、登山の楽しみを大きく奪う。本当は衛星電話も持っていきたくはなかったが、以前アラスカで事故を起こして死にかけた経験のある高柳は「海外登山する人の義務です」と言って、それは譲らなかった。衛星電話を持つということは、いざとなればいつでも外部からの助けを呼べるということになる。これはGPS以上に登山に与える影響が大きい。

探検的登山をする者は、残りの食料と相談しながら山の奥深くへと入っていくことになるが、未知の山域においては実際に何日で脱出できるかどうかは行ってみないと分からない。もし食料が尽きてしまったらと考えれば、安易な一歩が踏み出せなくなるだろう。だが、衛星電話があると、助けを呼べるという安心感から、不確定な山域に飛び込むときでもより積極的な行動ができてしまう。実際に衛星電話を使わなかったとしても、そのように心理的に外部に依存した状態で、本当に自然の深淵を覗いたといえるだろうか。装備や技術が未発達な四〇〜五〇年前ならいざ知らず、今の時代に生きる登山者は自然に対してもっとフェアであるべきなのだ。

ただ、そういう私のこだわりをごり押しすることが、正しいことだという確信も持てなかった。高柳の言い分も、普通に考えればもっともなものだった。前例のないことをやるのだからこそ、一週間おきぐらいに家族や山岳会に連絡しないと、待っているほうは心配する。レスキューを呼ぶための手段としての衛星電話は許容できないが、親族や関係者を安心させるためという理由については反論する余地がなく、私も賛成した。高柳はこの登山の半年前に、目の前でパートナーを一人亡くしていた。そのこともあって、衛星電話については何も言わず、「じゃあ用意は高柳くんに任せるよ」と一任した。

地形図に関してのみ若干の不安を感じるが、それ以外はかなり研ぎ澄まされた装備を準備できた。あとは出発の日時を決め、バスのチケットを買うのみ、というときに、パウ一族が主催する仏教の式典に参加することになった。うまい飯が食えるということで参加したのだが、その前に坊主のお経をしばらく正座で聞くはめにあう。私は五年前に事故で膝を悪くしていて後遺症で正座ができない。気の遠くなるような長いお経に、参加したことを途中から後悔していた。尻の片側を浮かせた不恰好な正座をする私を見て、高柳はヘラヘラしながらこう言った。

「今どきの若者は正座が苦手だっていうけど、宮城さんは僕より年上なのに正座慣れしてないんですね」

こういう厳粛な場でなかったらぶん殴っていたところである。食事が済むと、パウの親族を紹介された。そこで陸軍関係者であるパウの叔父と出会った。彼は私たちの登山の話を聞くとその計画に共感し、タイの地形図を用意してやると言ってくれた。幸運だった。帰宅後、パウの叔父が作って送ってくれた地図は、私たちが行こうとした山域とは少しズレていて使えなかったが、そこには五万分の一の鮮明な地形図が使われていた。グーグルの地形図よりもはるかに見やすく、情報量が多かった。この地形図で私たちの行く山域を揃えられれば地図の悩みはなくなる。

パウに頼むと、軍関連の施設で地形図が買えることが分かった。さっそく、弟くんに連れて行ってもらった。ミャンマーとの国境付近は軍事的機密があって難しかったが、私たちが予定していた登山の範囲はギリギリ機密地帯から外れていて、必要な地形図を全て手に入れることができた。等高線を眺めていると、なんとなく行く先々の風景が思い浮かんでくる。四方を密林に囲まれた岩峰を登っている自分を想像すると、気分が高揚した。

パウの母からは入域許可のことを心配されていた。国立公園や自然保護区への入域には許可が必要だ。パウに頼んで調べてもらったが、事前の申請とガイドの同伴が必要らしい。計画を正直に申請したところで、役人にとって四五泊の登山計画など前例のない非現実的なものだろう。すんなり通るとは思えなかった。仮に申請がうまくいっても、四五日もガイドを雇うような資金はない。そもそも、自然保護区に入域できるといっても、トレッキング道など整備された指定の道に限定されるだろう。もちろん、沢ヤの私はそんなもんは望んでいない。私が考えることは、いかにしてバレないように目的の山域に入り込めるかだ。衛星写真やネットで調べ、入渓点にはなるべく人の少なそうな自然保護区外の沢を選んだ。山に入りさえすれば、途中から自然保護区に入り込んでもバレることはない、そう踏んだ。

全ての準備が済むと、最後に荷物のパッキングに取り掛かった。まずは米とマッシュポテトを一食分ごとに量ってビニール袋に梱包する。一三六袋に分けられた食料を部屋に並べると、

足の踏み場はなくなった。ヘビの水槽の前に粉袋や米袋を敷き詰めた私の姿を見た高柳は、

「マフィアが覚せい剤を用意しているようにしか見えない」

と、笑いながらカメラをパシャリ。

もともと私は髭面で人相が悪いうえに、ミャンマーの床屋に行ったとき、ノリでモヒカンにしてしまい、おまけにパウから借りた服はヤンキー仕様だった。とはいえ、大きなお世話だ。中学二年生みたいな顔しやがって。

パッキングを下手に手伝わせるとミスしそうなアホの高柳は無視し、米の袋をまとめて厚手の防水袋に入れ、二重、三重に防水する。ザックに全ての荷物を詰め終わると、まだ少し荷物を詰め込めるぐらいの余裕があった。これだけの日数の沢登りにもかかわらず、なんと見事なパッキング。熊本城ばりの機能美を備えた我がザックと自画自賛した。

バスのチケットを予約しに弟くんと一緒にバスステーションに向かった。あれだけ出発を楽しみにしていたが、いざ明日出発するとなると億劫な気分もこみ上げてきた。これまで沢登りの準備をしていたといっても、半分は寝転がって漫画を読み、アニメ観賞するという怠惰な時間を過ごさせてもらっていたからだ。ある一日では、

「宮城さん、見てもらいたいものがあるのです」

と、パウに呼び出され、アニメ『けいおん！』のタイ語吹き替え版を見させられた。

「こんな声は唯ちゃんじゃないでしょ？　どう思います？」

「いや、吹き替えは想像以上に合っているよ。むしろ凄く頑張っていると思う。タイの本気度を舐めていたよ」

「お世辞ならいいです。もう一度よく聞いてみてください」

山に没頭していると、いつの間にか日本では山仲間以外の友人がいなくなっていた。そのせいか中学時代を思い出させるパウたちのノリが懐かしく、心地よかった。こういう生き方もあるのだと、不覚にも思ってしまった。

だが、俺は沢ヤだ。どうしようもなく沢ヤだ。どれだけ誘惑があろうとも、たとえ目の前で美人女優がM字開脚をして誘ってきたとしても、沢ヤなら沢に行くのだ。それが沢ヤだ。

まぁ、本当にそんな誘われ方したら、一発ヤった後に沢だ。それが沢ヤであり男である俺の流儀だ。

3　入渓

一一月四日、パウとその家族に別れを告げ、ロッ・トゥーと呼ばれるワンボックスのバス、もとい、ガタガタ揺れるボロボロのハイエースに乗って、入渓点の村に向かった。雨期はとうに過ぎ去る季節のはずだが、空は薄墨色の雲に覆われ、重く湿った空気が雨を予感させた。

パウに頼んで予約してもらった二人で一泊五〇ドルの宿に着く。貧乏遠征隊の私たちにとってこれですら安い値段ではないが、四六日間の沢登り前、最後の晩餐にささやかな贅沢をすることに決めたのだ。

夕方、ポツポツと雨が降り出したかと思うと、突如、雲の水分を全てぶちまけるような猛雨が降り注いだ。それが三時間も続く……。そういえばバンコクでも毎日降ってたな。どう考えてもまだ雨期は終わっていない。最悪の旅の始まりが予感された。

入渓点までは宿のお姉さんに送ってもらえることになった。この宿のお姉さんが、あと四六日間は見ることのかなわない最後の雌のホモサピエンス……。残念ながら美人ではない。だが、いい人だ。商売ぬきの純粋な善意で私たちを入渓点まで送ってくれる。無名の藪山に行こうとする私たちを見て、お姉さんは若干不信がってはいたが、快く送ってくれた。ダートの林道の奥で、そんなお姉さんと別れた。

農家が点々とする川沿いの林道を歩いていく。四六日分の食料が詰め込まれたザックは、背負うと頭ひとつ分背丈より高く、重みでザックのベルトが肩に食い込み、身体は押しつぶされるように前のめりになった。とはいえ、絶望的な重さではない。時間はある。じっくりと取り組めばきっとやれるはずだ。

林道を数キロ進むと、道は次第に荒れだし、細くなり、尾根へのびていく山道へと変化しだした。そろそろ道から離れて沢に入ろうかと考えていると、後ろからクラクションの音が聞こえた。見覚えのあるピックアップトラックが土煙を上げながらこちらに向かってきていた。宿のお姉さんだ。私たちの動向を不信に思って戻ってきたのだろう。車から降りてきた彼女は、身振り手振りを交え、こう言った。

「あなたたち、その辺の山に行くなんてやっぱり嘘よ！　その大きな荷物が証拠だわ。ここから先は危険なの！　肉食動物や密猟者がいる。その先にはテロリストもいるのよ」

どうも彼女は、私たちが紛争地を越えてミャンマーまで抜けると思っているようだ。彼女の目にはうっすら涙が浮かんでいた。

「大丈夫、僕たちはこのあたりの山を登ってすぐに戻ってくる」

と、満面の笑みで嘘をついた。一泊しただけの客にすぎない私たちを、ここまで心配してくれるとは、いい女だ。

「ありがとう、大丈夫。さようなら、また泊まりにいくよ」

そう言い、手を振って別れ、歩みを進めた。

そこから一〇分ほど歩いたところで、道を離れて入渓することにした。道の傍にある畑の奥から水流の音は聞こえているが、藪に遮られて沢の姿は見えない。畦道《あぜみち》を通って藪を掻き分けていくと、沢に出た。

水流は昨夜のスコールの影響で茶褐色に濁り、水流の両脇は藪でみっしりと覆われていた。まるで増水したドブ川。いくらゲテモノ・イロモノの沢登りが好きな私でも、さすがに食指が動かない。遠大な沢登りの始まりにしてはあまりに冴えない渓相。とはいえ、このドブ川みたいな沢に決めたのは自分たちである。苔むした岩に腰かけると、ザックから沢ヤの魂・沢タビを取り出した。そしてサンダルを脱ぎ、沢タビを装着した。

水流の両脇は藪が猛烈に密集し、まったく歩けそうにない。このドブ川を遡行するには、水流の中を歩いていくしかない。水流をじゃばじゃばと歩くが、水が濁って足元がまったく見えない。深いかもしれないし、浅いかもしれない、不安定な石もある。この重荷で不用意に足を出せば、捻挫をしかねない。一歩を踏み出すたび、次に足を置く場所を手探りならぬ足探りで確認し、着実に歩く。バックパックの重さは量ってこなかったが、体感で四五キロ近くに達している。体格の小さい高柳に気を使って多めに担いでいたのだが、入渓して五分でそれを後悔していた。

重荷に喘《あえ》ぎながら沢筋を進むと、私たちの進入を阻むかのように両岸から倒れた木が沢筋を覆い、通行止めのバリケードをつくっていた。それを潜《くぐ》っていこうと、半身水に浸かりながら四つん這いになって進んだ。

バリケードは棘のある蔓《つる》植物のときもあった。その場合は這って進むこともかなわない。荷を下ろしてノコギリで蔓を切って道を開く。道を作ったら荷を取りに戻り、また荷を背負って進む。

一度下ろした荷物を背負うのにも労力がいる。立ち上がった状態からザックを持ち上げようとすると腰を抜かしかねない。地面に置いたザックの上に寝そべるようにして肩ベルトに腕を通し、横に反転して四つん這いになる。そこから背筋に渾身の力を入れて上体を起こし、膝に手を当ててのそりと立ち上がる。そんなことを繰り返すのだから遅々として進まない。二〇分ほど行動しては荷を下ろして休み、息を整えていた。二人とも熱病にでもかかったかのような嫌な汗を全身から噴き出させていた。

「こんなこと四六日も続けるのか」。そう考えると、絶望的な気分になった。ただ、そんな過酷な日中の行動も、もう少し頑張れば焚き火をして飯が食えると思うと耐えることができた。

沢ヤと呼ばれる人種の多くは焚き火に特別な感情を持っている。当然、焚き火は煮炊きのため、濡れた衣類を乾かすため、暖をとるためと合理的な理由があって行うものなのだが、沢ヤたちは火を見つめる行為自体に意味を持たせているのだ。

「なぜ沢を登るのか?」と問われて、「焚き火をするためだ」と答える者もいる。私もそんな沢ヤたちの焚き火への情熱に影響を受けていた。最近では雪山でもスコップの上で焚き火をしているし、クライミングの途中、岩壁の中の小さな岩棚でも枯葉でミニ焚き火をしている。合理的理由があろうがなかろうが、焚き火をするのが沢ヤなのだ。

私はそういう、はたから見れば無意味に思える沢ヤのこだわりが好きだった。同時に、焚き火本来が持つ不思議な温かみにも魅力を感じていた。日中、どれだけ酷い思いをしても、焚き火を見つめているとそれを忘れるし、沢登りをしていてよかったと感じる。

そんな楽しみであるはずの焚き火も、ここでは苦しいものになった。本来、一〇月には訪れるはずの乾期はまだ到来していない。空はどんどん暗くなり、今にも雨が降りだしそうだった。雨が降らないうちに焚き火をしようと、まだ午後三時前だったが早めに行動を切り上げる。

適当な平らなスペースを探し、ノコギリで藪を切り開く。地面の石や枝を取り除き、そこにテントを張った。それが済むと二人で手分けして焚き火用の薪を拾いに歩く。昨夜のスコールの影響もあるだろうが、乾いた薪はどこにもない。周辺の木々は高く伸び上がり、空を覆い隠すように枝葉を茂らせている。これでは晴れていたとしても日差しは地面まで届かない。薪が乾く条件がここにはないのだ。そんな環境でも焚き火をしないことには、米も炊けないし服も乾かせない。棘に頬を裂かれながら、少しでも乾いた薪を探し、並べ、火をつけた。

途中、容赦なく雨が降ってきた。高柳は畳一枚分の大きな葉を木に立てかけ、即席のタープ

（雨よけシート）を作っていた。高柳は自信満々でいい仕事をしたと思っているようだが、二メートル先にいる仲間の声が聞こえづらくなるほどの猛雨、意味がない。二合の米を炊くために、腕が痛くなるほどに団扇《うちわ》をあおぎ、息を吹きつけた。何度も煙でむせる。それを何時間も続けた。濡れた身体からは体温が奪われ、冷え切った手足は感覚を失う……。

翌日も同じような渓相が続き、同じようにスコールに見舞われ、苦しい焚き火をした。うんざりした。

三日目の朝、テントから出ると晴れ間があった。日が差し込む場所を探し、そこに小型のソーラーパネルを置いた。高柳いわく、半日もあれば充電池を満タンにできるという。実は今回の旅にはスマートフォンを持ってきていた。電波はもちろん繋がらない。長い登山だからこそ音楽を聴くぐらいの余裕がいるというのは高柳の強い要望だった。私は最初、「そんなのは無駄だ」とバカにしたが、よくよく考えると歩いている時間よりも、焚き火やテント生活のほうが時間が長い。そう考えるとスマホは悪くないと思い直し、持ってきたのだ。

四六日間人跡未踏のジャングルで高柳と二人きり、おそらく私は発狂する。どこかの段階で感情を抑えきれなくなり、高柳を殺ってしまうかもしれない。音楽を聴くことで場が和み、気分も盛りあがるのであれば、スマートフォンの一〇〇グラムぐらいは許せる重さ。充電パネルはヘッドライトの充電にも使えるし、予備の電池を持っていくことを考えれば、四〇〇グラムという重さは許容範囲だ。

出発の支度が終わるまで三時間ほどソーラーパネルを開けていた。充電池を覗くが、まったく充電されてない……。

「どうなってんだ！　ぜんぜん充電されてねぇぞ」

「おかしいなぁ。アラスカでは半日とかからず一気にたまったのですが」

「アラスカぁ？　照り返しでギラギラの氷河の日差しと、鬱蒼としたジャングルの日差しとじゃ日光のパワーが違うに決まってるだろ！」

バッテリーがなくなって音楽が聴けなくなっても生死に関わるようなことはないが、夜間行動になってヘッドランプが使えなくなるのは致命的だ。研ぎ澄まされた装備だと思っていたが、まったくもって研ぎ澄まされていない。不安だ。

出発すると、藪に覆われていた沢はだんだんと開けていく。濁っていた水流は透明感を取り戻し、川底の花崗岩を舐めるようにして流れはじめた。眼前には落差三メートルの直瀑、直径七〜八メートルの滝壺は美麗なプールのようになっていて、私たちの目を和ませた。ザックを下ろして大釜のプールを泳いだ。蒸し風呂から解放されリラックス――。

今度は落差一〇メートルの大滝に出合う。それを登る。難しくはないが、背中の重荷が足をひっぱり、岩を摑んでいる前腕と、踏ん張っている脹脛《ふくらはぎ》が悲鳴をあげる。辛い。だが延々と藪漕ぎをすることに比べれば楽しい。

その後も藪と濁流に辟易し続けた昨日までと同じ沢だとは思えないほど、綺麗な渓相が続く。今日だけ見ればデートにでも向いていそうなぐらいだ。これは当たりの沢だなと、高柳とくじ運の強さを褒めあった。

翌日、最初の峠を越える稜線に着いた。稜線にはわずかな踏み跡がある。山仕事をする人間のものだろう。実は前日の途中の段階で方角を間違え、目的のルートからは外れて進んできていた。本来はこのもうひとつ北の山から尾根を挟んだ向こうの沢に下りる予定だったのだ。木登りをして周囲の景色と地図を合わせたが、やはり方角はずれていた。

沢を戻って登り直すこともできたし、稜線の踏み跡をたどって北の山を目指すこともできた。ただ、どこを下りても最終的に同じ場所に行く予定なので、そのまま沢登りを続けることにした。

ここから先はいよいよ人里から完全に離れていくことになる。トラやヒョウといった肉食動物が生息していることを聞いていたし、密猟者や麻薬を栽培しているような連中がいるかもしれない。そういう不安はあったが、当分は下りになるので、心臓と脹脛いじめの歩荷《ぼっか》運動から解放されるのだという安堵のほうが大きい。

藪の斜面をザクザクと下っていくと、植物が踏み倒され、巨大な動物の足跡が錯綜する場所に出合った。ゾウの足跡だ。

「でかい、本当に野生のゾウがいるんだな」

「もしも野良ゾウに襲われたらどうします？」

「アジアゾウはアフリカゾウよりひと回り小さいからな、あまり弱い者いじめはしたくないがね。ま、パオーンってくるだろ、鼻を摑んでぐるぐる振り回す、ブン投げる。終わりだろうな」

密集したやっかいな藪をゾウが巨大な足でなぎ倒していたので、しばらくはそれに沿って歩いた。藪漕ぎをせずに済むので楽だ。ゾウが踏み均した広場がいたるところにあるので、テント場も整地せずに済む。歩くのは楽になったが、夕方の決まった時間にスコールに襲われる。どうしようもないのだが、毎日の猛雨には辟易した。濡れた薪を使って必死に火をおこし、ようやく湯が沸くころ、容赦なく雨に襲われる。焚き火で暖をとって身体を休めるどころではない。

「こんな雨が毎日続くようなら俺の心はブレイクします」

高柳が言った。先が思いやられる。

五日目の昼、どす黒い雲から、ウォシュレットの「強」の威力で無数の水鉄砲が降り注いだ。痛くて冷たいジャングルの強烈な洗礼……。カッパを着て歩けるレベルの雨ではなく、慌ててテントを取り出した。

瞬く間に雨が身体から熱を奪い、歯が噛み合わなくなり、手足は痺れだした。身体を温めようと、その場で飛び跳ね、奇声を発しながらテントを張った。テントに潜り込み、急いで濡れた衣類を脱ぎ、乾いた服を着た。

シュラフカバーに潜り込んで、猫のように丸まって体温の回復を待つ。冷えて収縮した毛細血管にじんわりと血流が戻っていく。ピリピリとした痛みとともに手足は感覚を取り戻していく。一息つけると思ったのも束の間で、テント内がたちまち滝壺状態になっていく。泥船からバケツで水を汲み出すようにコップで水を汲み出した。

「すいません、予定より早いですが俺の心がポッキリ折れました」

高柳が言った。私だってこんな状況が毎日続けば耐えきれない。雨は強弱をつけながらも、夜までテントを叩き続けた。防水性のシュラフカバーも浸水し、乾いていた衣類はぐっしょりと濡れた。ガタガタと震え、ろくに眠ることなどできない。

——翌朝、まだ激しい雨が続いていた。高柳が言った。

「この雨だし、今日はもう行動するのをやめませんか」

「ほんとお前は動かねぇなぁ、どうせ濡れるんだから一緒だろ、やる気見せろよ」

私は言い放った。

内心、私も動きたくなかったのだが、序盤から停滞していては、最後まで計画をやり通せるわけがない。高柳もさすがにこの言葉にはカチンときたようで、「じゃあ行きましょう」と強い口調で言い返した。準備を始めた。

「しかし、今までは夕方しか降らなかったけど、これだけの豪雨が一日も続いてるじゃん。もしかして雨期の終わりの合図なんじゃない？」

「だといいですけどね、明日もこれなら俺、帰って温泉入っていいですか？」

雨はこの日の夕方にやみ、翌日からは降らなくなった。

八日目、ここまでずいぶんと沢を下り続け、いくつもの支流が合流して川幅も広くなってきていた。ゾウの踏み跡もあって歩きやすいが、ときおり藪漕ぎも強いられた。枝の一本一本に巨大な針をつけた凶悪な竹藪が出てきて、衣類と顔をいくらか裂かれ、二人ともよりワイルドな見た目になってきている。この感じがいい。進めば進むほど、沢ヤとして、獣として、研ぎ澄まされていくのを感じる。

「高柳、その曲飽きたから、ふわふわタイム聴きたいんだけど」

獣のように研ぎ澄まされた結果、休憩中にスマホでご機嫌なミュージックを聴くぐらいの余裕がある。

気分よくぐいぐいと沢を下っていくと、落差五メートルの見事な斜瀑が現れた。久々の真っ当な滝の登場に、沢登りの雰囲気が盛り上がってくる。滝が出てくるたびに、ヒョーとかフゥーとか叫び、ノリのいい外国人のようなテンションで進んでいった。

落差三メートルの轟々と水を落とす直瀑に出合う。滝壺を覗いてみると美麗な真円の釜が広がり水深も深そうだ。高柳にニヤリと笑ってみせ、軽く助走をつけ、フォーっと叫び、滝壺めがけてジャンプ！　数瞬の浮遊感、そしてバシャリと着水！　……むちゃくちゃ浅い。

危うく怪我をするところだったが、幸いダメージはゼロだった。なぜなら私は滝壺が浅い場合も想定していて、ザックの浮力で着水の衝撃を吸収させるために背中側から飛び込み、さらに、膝のクッションで衝撃を和らげていたからだ。これは私がキャニオニングにも精通する優れた沢ヤであったからではなく、ゴルゴ13が三五階建てのビルの屋上からブリーフ一丁で飛び降りて、窓から標的を撃ち抜き、水深一メートルの貯水槽に大の字になって飛び込むことで、衝撃を浮力で相殺している話を読んでいたからできたことだ。あと、ダレン・テイラーというダイバーが、一〇メートル七九センチの高さから、水深三〇センチのプールへの飛び込みを成功させている動画をYouTubeで見ていたのも役に立ったな。というのは嘘で、ほんとはちょっぴりだけキャニオニングの基礎知識がある。

先へ進んでいくと落差二〇メートル、直径二五メートルはある立派な釜を持った滝が出てき

た。おそらくこの沢の白眉となるだろう大滝だ。高柳は親指でクイクイっと大滝を指差し、私を挑発し

「外人のキャニオニングやる人って、イエーイとか叫びながらこれぐらいの滝は飛び込みますよね。宮城さんならこれも余裕なんでしょ」

「当たり前だろ。俺はこの倍の高さは行けるよ。でもせっかくだから高柳くん行きなよ。たまには俺が写真撮ってやるから」

私は当然、ゴルゴでもダレン・テイラーでもない。それどころか高所恐怖症なので飛び込みは六メートルぐらいが限界だ。一〇メートルオーバーの飛び込みなんて絶対にゴメンだが、大滝が現れるたび、飛び込めよオラオラ、ビビってんのか、という小学生のようなやりとりを繰り返し、ゲラゲラとバカ話をしながら歩いた。

――沢の傍の獣道、高柳が先頭を歩いている。歩く高柳の足元横五〇センチに何かを見つける。繁みには黒光りに斑点模様、でかく重そうで長い体軀、その巨体とは対照的に、小さく光るギラついた二つの眼……。

「ヘビ」

私がそう言うと、高柳はきょろきょろしていた。

「そこ、真横、でかいぞ」

指を差して教えてやると、高柳は仰天し、飛びのいた。

繁みから体長五メートルを超えるヘビがこちらを睨んでいた。アミメニシキヘビだ。旅を始めてから初めて見た動物だ。毒のない大人しいタイプだということは知っていたので、二人で近づいて写真を撮った。ヘビはしばらくこちらを見つめていたが、少しすると藪の奥へと逃げていった。

「いざとなったら食えるかな？」

「バカ、俺たちの四センチのナイフでどうやって倒すんだよ。こっちがエサになるわ」

この日は日当たりのいい広場を見つけることができた。少し早いがそこにテントを張った。空は明るく晴れ渡り、木の葉の間から射し込む日差しが暖かかった。

沢を覗きこむと魚影がチラチラと見られた。初めて釣りのチャンス。テンカラ竿《ざお》の出番だ。テンカラというのは疑似餌である毛バリを使った釣りのことだが、竿はあるが毛バリは忘れてきたので、ミミズを探して針につけた。糸を垂らすと、すぐに釣れた。釣り素人なのでこれは嬉しかった。魚は二〇センチくらいで、特徴的な斑点があるのでアマゴの仲間だと思う。その後も三匹続けて釣った。魚はすぐに食いついてくれるのだが、肝心のエサを探すほうで苦労した。アブや蚊などの害虫はうようよいるのだが、土を掘っても肝心のミミズや川虫が出てこない。この日釣った四匹のうちの一匹は、エサの代わりに草の根っこを疑似餌にして釣り上げた。さすがにこれはただのラッキーだったようで、その後はこの方法では釣れなかった。とはいえ、素人が渓流で四匹も釣ったら上出来だろう。今夜はパーティーだ。

私も高柳も魚の絞め方もさばき方もよく分かっていない。とりあえず、焚き火用に集めた木の枝でビチビチと暴れる魚の頭を叩いた。一撃で逝かせるつもりで叩いたが、死なない。ボコボコと何度も殴打した。殴るたびに魚はキューと悲しい声で鳴き、眼球をアジサイの花のようにゆっくりと赤く色づかせ、次第に動くのをやめた。

「そのやり方、猟奇殺人者にしか見えないですよ」

確かに、自分でやっておいてなんだがちょっと残虐すぎる。そう思いながらも叩いている間、口の中は唾液でいっぱいになっていた。ナイフで丁寧に加工した竹串を、魚の口からゆっくり優しく挿入する。軽く塩をまぶし、焚き火でじっくりと焼く。全身がこんがりと胡桃《くるみ》色に染まるのを待つと、炊き立ての米の上にのせ、がぶりと齧った。魚の脂分が口の中に広がり、乾いた喉内に潤いが戻る。しばし味わっていなかった感触。幸せだ。

焚き火の横に生えていた草に目がいった。下向き扇状にギザギザの葉を広げる、世界で一番Tシャツのデザインに使われている葉っぱ、みんな大好きなアレ、大麻だ。ラッキー！　と、思ったが、よくよく見ると、なんか違う。吸って楽しくなるような葉っぱではないかもしれない。そもそも野生の大麻には楽しくなる成分が少ないらしい。とはいえ、大麻の仲間であろうことは間違いなく、念のために吸ってみることにする。もちろんタイでも大麻は違法である。もしこれがホンモノだったらけしからんことなので、ひっこぬいて焼却しなければならない。だから吸う必要がある。私はそれを何枚かちぎって焚き火で乾燥させた。

「ヘイ！　純度一〇〇パーセントの天然マリファナだぜ」

私がそういうと、高柳は、

「はいはい、マリファナですね。でも、一応試しに吸ってみますか」

竹を切ってパイプを作る。パイプに葉を詰め、火をつけ、吸う。しだいに目にじ〜んとした感覚が現れ、空間が緩やかにゆがみ、焚き火と星空と音楽が同化していく。という、楽しいことにはやっぱりならず、なんとなく香りだけが楽しめるに留まった。それでもジャングルの中では貴重な娯楽だ。私は乾燥した大麻っぽいただの葉っぱを、ジップロックの袋にいくらか詰め込んだ。

熱くて近づけないほどに豪快な焚き火、その炎で森を照らし、大麻ではないただの葉っぱをふかし、木々の合間から覗く星明かりを眺めながら、火のぬくもりの傍でうとうと……。

――入渓から一一日目。一キロほどの距離をうんざりする藪漕ぎで進んでいくと、森が開け、ついに本流とぶつかった。

本流というのはファイ・メェ・ディ川のことで、この川を三〇キロほど下るとファイ・カ・ケン川と合流する。私たちはこのファイ・メェ・ディ川を下り、ファイ・カ・ケン川と合流した先から黒部へ向かう支流の沢に入る予定でいた。

ファイ・メェ・ディ川の川幅は平均して二〇メートルほどあり、膝から股ぐらいの水深があった。屹立《きつりつ》した岩峰に囲まれている黒部とクウェーヤイ川とは対照的に、緩やかな山に囲まれた広い湿地帯を流れる穏やかな川だった。私と高柳はこの川を「本流」とか「黒部じゃないほうの川」と呼んでいた。地形図には名前が載っていたが、二人とも最後まで名前を覚えることはなかった。登山計画を立ててから実行までに日が浅いと、思い入れが少なくてこういうことが起こる。私たち二人が、単にいい加減だったということでもあるのだが。

本流の河原は背丈ほどの藪で覆われていた。藪の薄い歩きやすい場所を探して動物の踏み跡を歩いていたら、ネコ科の足跡を見つけた。でかい。直径二〇センチはありそうだ。

「でかいネコだな」

「トラ、ですよね。宮城さんはトラも素手でやれるんですよね？」

「そうだな。ま、ガオーってくるだろ。そこで腹パン一発、終わりだろうな」

私たちが持っている武器の類といえば、首からヒモで下げている爪楊枝二本分サイズのミニナイフと、三〇〇〇円ぐらいで買った四センチほどのナイフ。あとはホームセンターで買った三〇センチのノコギリ。この装備で野生動物に襲われたらひとたまりもない。とはいえ、ここでのトラは絶滅危惧種なので、見ることができたらラッキーなぐらいだ。遭遇して襲われることなどまずないはずだ。

「ここらには人がいたとしても密猟者か麻酔銃を持ったレンジャーぐらいだろ。トラは武装した人間のことしか知らないんだから、俺たちのことも怖がるんじゃないかな」

高柳にそれを伝えると彼は真剣な顔で、こう言った。

「甘いですね。これからは焚き火を絶やさず、どちらかが寝ずの番をするぐらいじゃないと駄目です」

続けて、「以前、クマに襲われて〜」「テントを開けたら巨ゾウがいて〜」などの武勇伝を語りだすまでを彼は様式美にしていた。嘘、大げさ、紛らわしい男なのでそれがホントかどうかは分からない。

トラの足跡の写真を撮った後、少し河原を歩いた。

「僕はもうザック担いで歩くのが限界なので、ここからは流れも緩いし、川にザックを流して空荷で歩くことにしますわ」

最初は冗談で言っているのかと思ったが、これが本気なのだから恐ろしい。今は流れが穏やかだが、急流にさしかかってザックが流されたらどうするつもりなのだ。

「アホか、そんなことしたら一瞬で遭難だろ。沢ヤはこうするんだよ」

私はザックを川に浮かべると、それにのしかかった。ザックを浮き輪代わりにして、その浮力で川の流れに乗って進もうとしたのだ。冗談半分で行ったそれが、やってみたら実に合理的な方法だということに気が付いた。浮かんでいるだけで進むので、動く必要がなく身体は楽だし、河原を藪漕ぎするのに比べれば何倍も速く進める。沢登りに革命を起こす天才的発明をしてしまったと思った。プカプカ浮かんで進むことから、この方法を「プカリ」と名付けた。

この日はプカリで四キロ以上を進むことができた。時速にすると二〜三キロだ。河原を藪漕ぎで進んでいたら時速一キロも出ないだろう。水の浸かりすぎで寒くなってきたところで、快適そうな砂地を探し、テントを張ることにした。

ザックを開け、防水バッグを取り出す。どうも袋の中の衣類の色が濃い気がする。まさか……、袋を広げると、衣類の半分と食料の一部が水没していた。高柳のほうはもっとひどかった。分厚い防水バッグに入れてあるからと安心していたが、何時間も水中に浸かるような状況には対応できなかったのだ。唖然とし、立ち尽くした。

ストレスで行動食の菓子を、一週間分はやけ食いした。高柳が言った。

「こんないかにも分厚い防水バッグなのに、見掛け倒しじゃないすか。僕もイライラして、食わなきゃやってられないっす。すんません、僕の菓子ちょっと奥のほうにしまっているので、宮城さんの菓子もらっていいですか。もちろんあとで返します」

やけ食いして気分を落ち着かせると、濡れたものを広げて天日干しし、米袋をチェックする。袋は三重に防水していたが、アルファ米の一部が浸水し、ご飯に戻ってしまっていた。そのままにしておけば腐る。仕方ない、ご飯にもどってしまった分のアルファ米は、その日の食料として食うことにした。

防水バッグを水に浸けて調べると、私のほうには小さな穴があいていた。高柳の防水バッグには穴はなかったが、瀬の落ち込みで圧力をかけたのがよくなかったのだと反省した。防水バッグの閉じ方も甘かったのかもしれない。防水バッグをガムテープで補修し、完璧に空気抜きして蓋を閉じ、翌日もう一度プカリで川を下った。

「畜生！　ふざけるな！」

敬虔なクリスチャンが聞いたら失神するような罵詈雑言《ばりぞうごん》を叫んでいた。衣類も食料も全部びっしょりと濡れていたのだ。

また天日干しをして行動食をやけ食いした。高柳はまたしても私の行動食を「返します」と言って食べていた。昨日の分の菓子をまだ返してもらっていないが、いったいいつ返すつもりなのだろうか。水につけるなどして、入念なテストを繰り返した結果、防水バッグには構造的な欠陥があることが分かった。

翌日からどう行動するかを考えた。常識的には荷を背負って歩くべきなのだが、プカリの快適性と機動力は捨てがたいものだった。なにより、日程を計算すると、荷を背負って河原をのそのそと歩いていては、計画した行程はどう考えても達成できない。悩んだ末、もうひとつのペナペナのでかい防水袋を重ねて使ってみることにした。これで駄目ならもうお手上げ、敗退を視野に入れなければならない。

「歩いていたらとても目的は達成できん。このペナペナの袋を信じてもう一度プカるぞ。自然に比べて人間は微力なんだよ。少々のギャンブルをしないとデカい山はやれん」

それっぽいことを高柳に話した。高柳は、

「これで駄目だったら、まじで敗退ですね。畜生、ムカつくなぁ」

と、わざとらしく答えていた。高柳が内心、また水没したら敗退する言い訳になると思っているのは見え見えであった。この男、ところどころではやる気を出すし、力を発揮することもあるのだが、普段の言動を見ていると、なんでここに来たのかと思うくらい計画貫徹への意志がない。それで一〇日もついてきているのだから、これまた不思議な話なのだが。

――プカりだす。先日よりも急な川の落ち込みが出てきた。水量も増えている。ヒヤヒヤした思いで川に流され続ける。極力水圧をかけないように、慎重にザックをコントロールして進んでいく。午後二時過ぎ、少し早いが、いい砂地に着いたのでここを幕営地にすることにした。

「お前、先にバッグ開けろよ」

「俺も怖くて中を確認したくないです。宮城さん、お先にどうぞ」

荷物を広げた……、濡れて、いない。高柳と笑顔でハイタッチをした。

それから数日をかけ、川を十数キロ下った。プカリを始めた最初のころは川底の岩に脛《すね》をぶつけ悶絶していたが、数日たつと三〇センチほどの水位しかなくてもプカリができるぐらいに上達していた。川に仰向けになって浮かび、空を眺め、景色がゆっくりと流れていく光景は楽しかった。

プカリをしていて怖いのはワニだった。トラやヒョウは哺乳類だしなんとなく賢そうなので出合いがしらの接触さえなければと、それほど心配はしていなかったが、ワニはなんとなく頭が悪そうで、見境なしに噛みつくんじゃないかと思っていた。こちらは無防備に川に浮かんでいるだけだし、川の透明度は低く、水中にワニがいても見つける自信はない。

途中、爬虫類がずりずりと胴体を引きずって歩いた足跡を見つけた。ただその足跡は人の手のひらの半分ほどで小さい。高柳はそれを見て血相を変え、「ワニ！　ワニ！」と騒いで走り回っていた。私も大きなワニがいたらと不安になった。

目線を先にやると、川辺にデカい爬虫類がいた。それはワニ、ではなく、一メートル半ぐらいのでかいトカゲだ。トカゲは私たちの姿に気付くと、一目散に逃げていった。

「なんだ、脅かしやがって」

プカリを始めてからの一日の行動時間は短かった。休憩を含んでも四時間といったところだ。さぼっていた、ということもあるのだが、行動以外の生活に多くの時間を割かなければならなかったのだ。

まず、夜明け朝六時ごろに目を覚ますと、焚き火の準備を始める。どちらか先に起きたほうが準備をする。当番制にはしておらず、目覚ましもかけていない。朝の焚き火は、大抵の場合、前夜の燃え残りが灰の下に熾火《おきび》となってくすぶっていて、灰を取り払って息を吹きかけてやるだけで火がつく。薪をくべて食器を兼ねている団扇であおぎ、火が大きくなるのを待つ。焚き火缶というアルミの小さな鍋に水を入れ、焚き火の上に置く。まずは湯を沸かしてお茶を作るのだ。焚き火缶が倒れないように、薪は安定するように組む必要がある。

水は前夜のうちにプラティパスという水筒に入れてある。水筒といっても厚手のビニールでできたペラペラのもので、使わないときはくるくる丸めてコンパクトにできる登山用の水筒だ。水筒は合計で九リットル分持ってきていた。焚き火をしている場所から川までは、増水しても大丈夫なように五〜一〇メートルほど距離をあけてある。そんな距離でもいちいち焚き火から離れて水を汲みにいくのは面倒なので、水筒の存在には助けられた。九リットル分というのは計算して持ってきたわけではなかったが、たまたま朝晩の煮炊きをしてちょうど使い切る量だ。

お湯が沸くころに不思議ともう一人が起き、テントから出てくる。二人でお茶を飲みだすころに、米を炊く準備を始める。米炊きの技術は重要で、少しでも満腹感を得るために工夫を重ねた。持参してきたタイ米は、日本米とは炊き方の要領が違う。最初のうちはいい炊き加減が分からず、焦がしたり、しゃびしゃびにしてしまったが、一〇日目を過ぎるころにはかなり上達し、本当に一合分かと思うほどふっくら炊く技術を身に付けていた。

準備の段階では米は生米ではなくより軽量なアルファ米のほうが理想的だと思っていたが、結果的には生米でよかった。タイ米は上手に炊くとよく膨らんでくれたので、同じ重さでもアルファ米にはない満腹感があった。

焚き火缶は二個持ってきていて、米を炊いていないほうでスープを作る。コンソメスープ、豚塩の粉末、鶏塩の粉末などを持ってきていて、それを日替わりで入れていた。朝は具なしスープ、夜は乾燥野菜を少し入れた。乾燥野菜には限りがあるので節約して入れないときもある。

米が炊き上がると半分に分け、スープも等分する。何種類かのふりかけを持ってきていて、日替わりで味を楽しんでいた。食べ方にも順序ができていて、まずふりかけでご飯を食べ、半分ほど食べると、スープをご飯にかけて食べていた。これでだいたい満腹になる。

食後にもう一杯お茶を飲む。そのころには日もずいぶん昇っていて、身体もポカポカと温まってくる。腕時計に付いている簡易な気温計しかなかったので、正確な気温は分からなかったが、早朝の気温は一〇度以下、日中の気温は三〇度ぐらいだった。

ソーラーパネルを日の当たる場所に置くのも重要な作業だ。煮炊きや食事の最中には、スマートフォンでご機嫌な音楽を聴くのが決まりだった。高柳のセレクトでおおむね、アニソンである。具体的にいうと「けいおん!」である。そうやって気分を盛り上げていた。「ふわふわタイム」を二人して声に出して歌った。予め満タンにして持ってきていた携帯バッテリーは、とっくの昔に空になっていたので、電力供給はソーラーパネルだけが頼みだった。この充電を重視するあまり、出発の時間がだんだん遅れていった。せっかく日が昇ってきたので、もう少し充電してから行こうと、出発の準備を非常にのんびり行うようになったのだ。おかげで出発時刻は平均一〇時、遅いと一一時という、山の常識ではあり得ない遅さのこともあった。

とはいえ、出発が遅くなった一番の理由は、朝からプカリをするのは寒すぎるからということのほうが大きい。その気になって準備すれば六時の夜明けから始めたとしても、二時間後の八時には出発できる。ただその時間はまだ肌寒く、川に浸かるとすぐに低体温症になってしまう。ある程度、日が昇らないとプカリはやれないのだ。乾いた服から濡れた沢用の服に着替えるのも億劫だった。いろいろ言い訳が増えた結果、プカリ開始が午前一〇〜一一時ぐらいに落ち着いたのだ。

日中、三〇度にまで気温が上がるといっても、水に浸かっていると寒い。濡れても多少は保温力のある化学繊維の服を着ているとはいえ、連続して水に浮いていられる時間はせいぜい三〇分ぐらいだ。それ以上やっていると手足が痺れだし、歯が噛み合わなくなる。その状態で続ければ、いずれは立ち上がることすら困難なぐらい消耗するだろう。

対策として、寒さを感じたら体温が上がるまで陸を歩いたりもしていた。ただ、そういうことを意識しなくても三〇分おきには急な水流の落ち込みが出てきてプカれなくなるし、二〇センチにも満たない浅瀬では強制的に歩かされる。必然的に、寒くならないほどの間隔で、歩きとプカリの繰り返しになった。

歩くといっても荷物は背負わず、ザックは川に浮かべた状態で水中を歩くことが多かった。急流ではザックが流されないように、ザックから一メートルほどの紐をのばし、端を持って歩いた。さながら犬の散歩のような光景だ。ザックの浮力は人体よりも大きく、二〇センチも水深があればプカプカ浮いて流れてくれる。

休憩は一時間ぐらいを目安にとることにしていたが、仮に遅めの一一時に出発したら、最初の休憩の一二時過ぎには昼のマッシュポテトを食べる。日向ぼっこをして体温の上昇を待ち、午後一時に出発する。テント場は朝日と夕日で少しでも多く充電できるように、川が東西の方角に開けた場所と決めていた。午後二時過ぎにいい場所を見つけたら、もうそこで行動終了だ。そうすると行動時間はたったの二時間である。これは極端に動かなかった日の話だが、だいたい一日三～四時間の行動時間というのはこういう理由で決まっていった。

テント場に着くと、まずは薪を集め始める。川に浸からずに薪を集められそうな場所なら先に着替えることもあった。そこらじゅう木が生い茂っている割に、焚き火に使えるような薪の数は少ない。平坦で開けた川なので、雨期に大水が来たら薪になるような枝や木は全て下流まで流されてしまうのだろう。

流木だけでは薪が足りないときは、なるべく燃えそうな立木を選んで切った。この木を切る作業がなかなか大変で、プカリよりもはるかに消耗した。一晩、火を絶やさないぐらいの薪を集め、適当な大きさに切り分けるのに平均して二時間かかった。その作業が終わると、私は釣りをしたりしておかずを集めに行く。高柳は水を汲んで薪に火をつけ、夕飯の支度をすることが多かった。

日が傾きだし、釣りにけりをつけたあたりで砂地を足でならして平らにする。テントは一人でも立てられるが、二人で立てることが多かった。山岳用のテントなので設営に要する時間は一人なら三分、二人で二分といったところだ。テントを畳むときも同じぐらいの時間になる。日没は午後六時ごろで、その少し前、肌寒くなるころに米を炊き始める。だいたい午後七時ぐらいを目安に食べ始めることが多かった。あまり早く食べても夜中に腹が減る。かといって夜中に空腹感を覚えないように、午後八～九時まで飯を我慢するというのもおかしな話なので、平均して午後七時に落ち着いた。

食事を終えると、私はストレッチや腕立て、腹筋運動などをして、使っていない筋肉を軽くほぐした。近くにぶら下がれる木の枝があったら懸垂運動もしていた。高柳はメモ帳にその日の記録をつけていた。夜、メモ帳に記録を書くためにはヘッドライトをつける必要がある。基本的には電力節約のため、ヘッドライトの明かりは必要なとき以外は消していた。焚き火の明かりだけで飯は食えるし、星明かりがあれば小用に行ける。

私も日記はつけていたが、明るいうちや翌朝につけるようにしていた。だから高柳が一丁前に記録をつけるためにライトの電力を消費するのに腹を立てていた。腹を立てながらも「最近の若いやつは記録つけないから駄目だな」と、以前に説教をしたのは私なので、とりあえず何も言わなかった。

午後八～九時ぐらいは語らいの時間となる。たいていの場合、明日の予定はさておき、次にやる山の話、どこのメーカーの登山ウエアがいいとか悪いとかを話していた。話は盛り上がってくると、男子特有の、中学生のようなプリミティブな内容に移っていく。帰ったら雪山テント泊で女子と合コンやろうとか、一般人の俺たちがアプローチしてギリギリ口説けそうなアイドルは誰かだとか。日によってはそんな話を一一時ぐらいまで続けていたが、たいていは九時から一〇時にテントに潜り込む。

そこからすぐ寝るわけでもなく、寝る前のスマホゲームの時間があって、一五〜三〇分ぐらいゲームをしていた。この時間があるからこそ、ヘッドライトの明かりの節約にも過敏になるのだ。ソーラーパネルは主に私が管理していて、日中、高柳がゴロゴロしている間でも、少しでも電力を確保せねばと太陽の方角に合わせてこまめに角度を変えに行き、わずか一〇分の休憩時間であっても厳重に閉めた二重の防水バッグを開け、パネルに太陽光を浴びせていた。この私の涙ぐましい努力に無頓着な高柳に腹を立てていたのだが、電池の使い方ぐらいで説教するのはいくらなんでも小物すぎるかとも思い、控えた。

ゲームの時間が終われば眠ることになるが、私も高柳も寝付きは悪いほうで、かなり遅くまで眠れずに起きていることがあった。また、二人とも夜中にトイレに起きることも多かった。平均して二〜三回は小用のために起きた。

意外に思うかもしれないが、沢登りでは脱水症に陥りやすい。水に濡れて身体が冷えるので、水分摂取がおろそかになりがちなのだ。脱水症になると身体は水分を蓄える方向に働き、むくみはじめる。むくむと身体のキレが悪くなるし、その状態が長く続くと身体の不調に繋がることは明白だ。だから水分を意識的に多く取るのだが、どうしても夜に集中するので、夜中に起きて小便に行きたくなる。夜中に起きると寝不足に繋がってまたむくむという、なかなか断ち切れない悪循環に陥るのだ。私たちはこれを「小便地獄」と名付けた。

高柳は小便のとき、テントから這い出て焚き火に薪をくべていた。この行動には頭が下がった。私は面倒くさいのでテントの窓をあけ、そこから立ち小便をしていたからだ。ちょっと小便の飛沫《しぶき》がテントにかかるが楽ちんだし、一度外に出てしまうと完全に目が覚めてしまう。テントは高柳のものだったが、彼も山ヤである以上、ちょっと小便がかかるくらい気にしないだろう。遠慮なくテントに飛沫を飛び散らせていた。

ついでに、汚い話になるが大便は河原でしていて、手で水をすくって尻を拭いていた。日本人の常識からすると抵抗があるだろうが、水をすくって尻を拭くのは東南アジアでは今でもポピュラーな方法で、ネパールでヒマラヤ登山を経験した者なら誰でも抵抗なくできる方法だ。

私は水流に半身を浸かって用を足し、天然ウォシュレットで流すこともあった。この天然ウォシュレット法なら手も汚さずに済み、大便は魚の栄養になる。高柳はそういう方法に抵抗があるようで、トイレットペーパーを持って木陰に用を足しに行っていた。ティッシュなんて余分な物を持ってきやがって、用の足し方ひとつとっても駄目な男だなと思っていたが、高柳は高柳でプカリの途中で大便をする私を不快に思っていた。

「先に行っててよ、俺ちょっとうんこしてから行くわ」

「宮城さん、絶対、川にうんこ流すんでしょ」

「いや流さないって、河原でするから。仮に流したとしても、この川には動物の死骸やうんこだっていっぱい流れているんだぜ、俺ひとりの排便なんてそれに比べたら微々たるもんだろ」

「動物のものなら僕も気にしませんよ。でも、すぐ上流にいる同種のうんこを気にするのは文明人なら当たり前でしょ」

私は高柳に気を使い、こっそりうんこを流した。

4　パゴダ

次の大きな川との合流点に到達する日を、入渓から一四日目を目標に考えていた。そこが全体の行程のちょうど三分の一の地点だ。旅の行程で唯一、地図上に建物の印が記されていた。建物の印は街からかなり離れたところにあって、それが何であるか私と高柳は考えを巡らしていた。

建物の印のことはパゴダと名前を付けて呼んでいた。ミャンマーではそこかしこにパゴダと呼ばれる仏塔が立っていて、それは人里離れた山奥や、どうやって建てたのか分からない岩壁の上にもあった。ジャングルの奥深くに建物があるとすれば、「パゴダだろう」と勝手に決めつけてそう呼んでいたのだ。

——パゴダまであと二〇キロの距離まで進んできた。川の両岸には、鉈《なた》で切られた木の棒が刺さっているのを見つける。おそらくそこに網をかけて魚を捕まえていたのだ。河原の脇に焚き火跡もあった。焚き火跡には古びた網と即席麺の袋が転がっている。ここまでほとんど魚影を見なかったのは漁師が根こそぎ捕ってしまったからだろう。パゴダは昔ながらの狩猟採集で暮らしている現地人の集落なのかもしれない。だが、軍やレンジャーの施設という可能性もある。

「ひょっとしてパゴダってケシや大麻栽培しているような、ヤバい奴の集落じゃないですかね？」

「そんなの地図に載らんでしょ」

パゴダがなんにせよ、その正体が何かを確認することが最初の目的になっていた。

腹が減っていた私たちがさしあたって気にしていたのは、そこで飯が食えるかどうかだった。登山中にいかなるサポートも受けないというルールに従えばパゴダは無視して通過するべきだが、仮にそこが昔ながらの狩猟採集で暮らす少数民族の集落だったらどうだろう。そういう文明の外に生きる人たちとの交流は探検的な行為と言っていいだろうから、むしろ積極的に行うべきだ。

パゴダの正体が公的な施設だったら飯をもらうのはなし、少数民族の集落であれば、現地人は自然の一部とみなし、そこで施しを受けるのは「あり」にしよう、そう二人で決めた。

「じゃあ、その狩猟採集の現地人がアイフォンをピコピコさせていたらどうします？」

「うーん、最新型なら、なしだな」


一五日目、ついにパゴダにたどり着いた。これまで下ってきた「本流」ことファイ・メェ・ディ川は、ここで本当の本流のファイ・カ・ケン川に吸収される。吸収といってもファイ・メェ・ディ川の水量が二ならファイ・カ・ケン川は三といったところだ。合流すると川幅も二倍ほどに膨れあがった。

パゴダは川の合流点の南の高台にあった。公共施設を思わせる綺麗な建物が立っている。観光施設だろうか？　そうだとすると想像していたなかで一番がっかりする展開だった。このまま無視して進んでもよかったが、高柳が「せっかくなので、見に行きましょう」と言うので、そうすることにした。

大麻っぽい葉っぱの林を掻き分け、急な斜面を登ると建物にたどり着いた。建物はひとつではなく幾つもあった。手前にあった建物には屋根のついたテニスコートぐらいの大きさのステージがある。ステージには汚れが目立ち、建物のドアは大きく歪んでいた。おそらく、野生動物保護区を見物するための国立の宿泊施設なのだろう。あまりに辺ぴなところにあるので廃《すた》れて廃墟化してしまったのだ。

「なんだ、廃墟か」

「それにしては、芝が綺麗に手入れしてありますよ、誰かいるんじゃないですか？」

私が建物の写真を撮っていると、高柳はずかずかと奥のほうへ行った。

「あ、人がいます」

高柳が言った。

奥には山小屋のような建物があって、そこには男が二人いた……。

しまった！　これは、自然保護区への無許可での立ち入りを咎《とが》められるパターンに違いない。狩猟採集で生きる現地人ならいくらでも言い訳がきくが、公的な施設にいる彼らにどう説明すればよいのか。そんな私の思いなどどこ吹く風、高柳は駆け足で彼らのもとに向かっていき話しかけていた。ずいぶん甘やかしてきたが、このときばかりは殴って躾《しつ》けておくべきだったと後悔した。私も高柳のあとを追った。

高柳はレンジャーと思しきタイ人二人と話しだしていた。

タイ人の二人は英語が堪能ではなく、タイ語とたまに片言の英単語を交えながら何やら高柳に伝えていた。高柳も英語が堪能ではないのだが、相槌のたびに、目を見開き眉を上げ、顎《あご》を上げて相手を見下すように「アァー、ハァン」とオーバーなリアクションをしながら、ここから来たのだと地図を出して説明しだした。どうやら、タイ人の二人に私たちを咎めるような意思はなさそうで、煙草をふかしながらニコニコと高柳の話を聞いている。

高柳は彼らが煙草を吸う姿を眺め、もの欲しそうな顔をしたあと、彼らの煙草を指差し、「ギブミーシガレット！」と、要求した。平然と、当たり前のように。私は顔をしかめた。約束が違う、狩猟採集で生きるような現地人ならアリだが、公的な人なら施しを受けるのはやめようと話したばかりなのに。

タイ人二人は、笑顔で煙草を高柳に渡した。私はそれを止めようとしたが、結局、止めなかった。善意で煙草を差し出そうとしている彼らに悪いと思ったのがひとつ、もうひとつは高柳には登山のこだわりがないのだと思った瞬間、芽生えた怒り、それと同時に私の中で守っていたものが失われたのも分かった。スタイルがどうとかこだわっていたが、私も一服もらって、ついでに飯ももらいたいという、欲望が芽生えたのだ。それに、負けたのだ。

高柳は嬉しそうに煙草を受け取り、ふかした。

これまで一五日間、外部からの助力を得ないで続けてきたノンサポート登山は、この瞬間に終わった。私の中で登山へのこだわりと、欲望が相克し、燃え上がった。高柳も私のただならぬ殺気を感じとった。そして、煙草をふかしながら、申し訳なさそうな顔をして、こう言った。

「すいません、僕が建物を見に行こうと言ってしまったばかりに、こんなことになってしまって」

この期に及んでもこういう謝り方しかできないのが高柳らしかった。建物を見に行くとかそういうことではない。建物を見に行くのは私も了承したことだ。問題は約束を反故《ほご》にし、煙草を要求し、もらってしまったことだろう。ただ、それについて私は高柳のことを責められない。高柳を止めることは、いくらでもできたのだ。止めなかったのは、私がそれを容認してしまったからだ。だから、全てが高柳のせいではない。とはいえ、やっぱり高柳のことがムカつくのだ。顔が、とくに。

この日、このまま彼らの好意に甘え、食事を御馳走になり、泊まった。

夜、思い出すとイライラして眠れなくなった。いっそ高柳をここに置いて、残りの旅を一人でやろうとも考えだしていた。今回のことに限らず、ゆるいところで妥協をしがちな高柳と一緒だと、私もつい妥協してしまう。このままだと、私が求めていたキリキリとした魂を振り絞るような長大な旅はできず、中途半端に終わってしまうのではないかと、悩んだ。

だが、怒りというものもそう長くは続かない。しばらく考えていると、気持ちが一周し、なんだか力んでいたものがスルッと取れてしまった。もうこの際、スタイルはいいか。途中で尻切れトンボの半端な旅になってもいい。このままやれるところまで高柳と旅を楽しむのもいい経験で、私は最初からそれも分かっていたはずだ。翌朝、朝食まで御馳走になった。旅の支度をし、出発した。

「いいやつらだったな。飯をもらえたのは嬉しいけど、また魚だよ。どうせなら肉が食いたかったぜ」

そう言って、パゴダをあとにした。

パゴダから一日進むと、いよいよタイの黒部に繋がる支流に出合った。地形図からの推測で、支流も比較的大きな川だと思っていたが、ここしばらくの日照りのせいか水量が少なく、気を付けていないと見落とすほどの小さな沢だった。この支流を二〇キロ遡行し、尾根を越え、再び沢を十数キロ下った先に黒部がある。支流の先にある尾根には、地形図にいくつかの岩峰が記されていて、そこを登攀するのはこの旅の目玉のひとつだ。

ここから先しばらくは、沢が小さくなり森も鬱蒼とすることから、釣りも焚き火もできない。ソーラーパネルの充電と、休養を兼ねてここで一日停滞することにした。

砂浜の河原で焚き火をし、釣りをし、全裸になって日光浴をした。いい気分で昼寝をしていると、アブの大群にたかられて刺された。二人とも入渓時とは別人のように肌が黒くなっていた。そしてあばら骨が目立つ身体になっていた。

翌日、支流に入った。入渓初日のような酷い藪漕ぎを想定していたが、たまに小さな滝が現れるくらいで難がなく、順調に沢を進んでいく。夕暮れ直前まで行動し、テントを張った。ずいぶんと冷え込む夜だった。冬が近づいているのだろう。焚き火をして食事を済ませると、テントに潜り込み、衣類を着込んで寝た。

――寒くて、目が覚めた。時計を見ると深夜三時。小便がてらテントから這い出て、燻《くすぶ》っていた焚き火に薪をくべた。焚き火の前にマットを敷いた。そこに寝転がった。火に背を向けた状態で、ネコのように背中を丸めた。口から吐き出す息は真っ白だったが、焚き火の温かみがじんわりと背中に伝わり、身体は芯まで温まっていく。しばらくすると、うとうと……。

いくらかたって寒さで目を覚ました。振り返ると焚き火の炎が小さくなっていた。薪をくべ、団扇で炎をあおぎ、また焚き火に背を向けて丸まった。じんわりと身体が温まってくる。腰のあたりなど燃えるような熱さだ……。

アッツッ！　背中がぼうぼうと燃えていた。慌てて飛び上がって服を脱ぎ捨てるが、ジャケットは一気に燃え広がる。バタバタと足で踏みつけて火を消し、自分のダメージを確認した。

背中だけではなく、指も痛い。服を脱ぐときに燃えているところを触ってしまい、溶けた繊維が指にくっついてしまっていた。焚き火缶に水を入れて指を冷やしたが、酷い水ぶくれになっている。背中は自分では確認できないが、もっとひどいだろう。

起きてきた高柳に軟膏を塗ってもらった。

「まぁ、大したことなくてよかったけど、これ、あとちょっと燃えていたら敗退でしたね」

間抜けな失態をここぞとばかりに責められた。悔しいが何も言い返せない。私も、うっかり者のタイプなのだ。

5　岩峰

翌日からの渓相に変わったところもなく、単調な河原歩きを五日こなすと尾根に出た。尾根からは目的の岩峰らしきものが見える。地形図にはあったが、それが本当にあるかどうかは半信半疑だった。入渓してから二三日目にして、ようやく「目的の岩壁が本当にある」ということを確認できたのだ。

斜面を西へと下っていった。下り始めると水流が現れ、沢の形状になっていくが、平坦な湿地帯にさしかかると、水流はいつしか大地に吸収されはじめ、完全に伏流した。土が抉《えぐ》れた水の流れた跡はあるが、それがいくつも交錯し、上流も下流も分からなくなった。

地図には水流を示す青い線が引かれているが、私はこれを当てにしていない。推測だが、この地形図は軍の調査と航空写真をもとに、職人が作ったもののはずだ。目立ったピークの測量は行われているかもしれないが、全てを正確に測量しているなど到底考えられない。加えて、この場所は藪に覆われて航空写真では水流が確認できないし、凹凸がない広大な湿地だ。地形図の水線は地図職人の勘によって書かれただけの代物にすぎないはず。要するに、テキトーな地図なのだ。

伏流しだしてからはコンパスの方角だけを信じて歩いた。このまま伏流し続け、水にありつけなかったらどうしようかと不安になったが、数時間歩くと沼地が見つかった。沼は濁っており、虫が浮いていて、さすがの私も飲むのをためらうような状態だった。ただ、これを見過ごして進んだとしても綺麗な水を見つけられる保証はない。時刻はすでに夕方だった。ここをベースキャンプとし、岩峰を登りにいくことにした。

そのためには岩峰がどこにあるのか探さなければならないが、テント場からでは見えなかった。岩峰は地形図上で平地に二〇〇メートル以上の高低差で屹立している。ここまで歩いた距離の推測から、テント場から一〜二キロ以内にあると踏んでいた。普通ならその距離に二〇〇メートルの岩峰があれば発見できるのであろうが、テント場周辺の木は二〇〜三〇メートルぐらいの高さがあり、空を覆うように枝葉を広げ、その下には念押しするかのようにシダ植物が生い茂り、私たちの目から岩峰を隠していた。

木登りをすれば、岩峰が見えると思ったが、ここらの木の枝は地上一〇メートルからしか伸びておらず、木登りするためにはハーネスを付けてロープを使う必要があった。面倒くさい。とりあえずキャンプ周辺で見晴らしのよさそうな場所を、二人で手分けして探すことにした。一〇分ほど探すと、少し高台になった場所を見つけた。運よくそこは視界が開けており、樹木の隙間から岩峰が見えた。コンパスの針を合わせる。あとはこの方角を信じて藪を掻き分けて直進すれば岩峰にたどり着ける。

問題は、行くのはいいが帰るときにテントを見つけられるかどうかだった。密林は藪に覆われていて、二〇メートルも離れるとテントがどこにあるのか分からなくなる。テントを見失えば悲惨な事態は免れない。帰り道に迷わないように、行く途中で目印をつける必要があった。岩峰まで仮に二キロあったとすると、目印をつけながら行くのは大変な労力だ。テントを見失うリスクを考えると、偵察へはテントも含めた全装備を背負っていくのが無難だ。

それを高柳に伝えると、そんな必要はないと言う。高柳は私が知らないところで衛星電話をいじっていたらしく、ある機能があることを発見していた。

「定期連絡するついでに電話をいじっていたら、この衛星電話に凄い機能を発見したんですよ。さっきテストしたんですけど、まずテントの位置を座標登録するでしょ。次にテントから三〇メートル離れるとするじゃないですか。そこで現在地検索をすると、テントまでの方角と距離が出てくるんですよ」

まじかよ。この衛星電話にはGPS機能があるということだ。こいつを使ってしまうと最初に決めたGPSを使わないこだわりも崩れてしまう。というより今まで知らなかったというだけで、この衛星電話を持ってきてしまっている時点でそのこだわりは崩れているのではないか。高柳、こいつ本当はこの機能を知ってたんじゃないかという疑いが湧いたが、ここまでくると、もうどうでもよくなってきた。

「いいじゃん、それ持っていこうぜ」

すでにパゴダで一宿一飯のサポートを受けてしまっているのだ。この際、細かいこだわりは捨て、使えるものは何でも使ってしまえばいいと開き直っていた。GPS機能があるなら目印を付ける必要もない。

偵察をしにテントから岩峰目指してまっすぐに進んでいくと、二時間ほどで岩峰の下にたどり着いた。岩峰は石灰岩でできていて、垂直とオーバーハングで構成された壁は、稜上まで傾斜を緩めることなく伸びあがっている。正面から見ると大きな台形状をしており、その稜上にはとんがったピークがいくつも連なっていた。まるでパタゴニアの大岩峰フィッツロイのようだ。私たちはこの岩峰を、黒部のフィッツロイと名付けた。

「いや〜、立派な壁だな。これ日本にあったら大人気だよ」

「でも何の弱点もないですね。ちょっと脆そうだし。これってボルト打って登るタイプの壁ですよね」

予想はしていたが、カムとかハーケンとか、そういう岩溝に差し込んで使う登攀具が使えるタイプの岩壁ではなかった。クライミングは大ざっぱに分けて二種類ある。カムやハーケンを使いながら自由に壁を登る冒険的なタイプと、電動ドリルでボルトを設置してある決められたルートを登るスポーツ的なタイプだ。この岩壁の正面壁は後者のスポーツ系クライミングの対象で、ボルトなしでは登れない。

私たちは傾斜のきつい岩壁の正面を登ることを早々に諦め、傾斜が緩そうな側面の偵察に向かった。側面に行くと、壁の傾斜が緩み、今の装備だけでも登れそうだ。翌日、装備を整えてここから登ることに決めた。

登攀の計画はこうだ。岩峰の側面から壁を登り、頂上の岩稜帯を縦走する。そして登ったほうとは反対側の壁を懸垂下降で下りる。一泊二日の岩峰大縦走、名付けてフィッツロイ・トラバースだ。

登れる算段ができたのでコンパスを頼りにテントへと戻った。だがコンパスだけではテントを見つけることができない。高柳が衛星電話を取り出し、GPS機能で確認した。画面に「〇度の方角に〇〇メートル」と表示される。GPSに言われるがまま歩いていくと、ピタリとテントに着いた。便利すぎる。こんなもんは反則だと思うが、登攀本番の明日も持っていく。あるもんは仕方ないからな。

ザックの肥やしになっていたロープと登攀具を取り出した。これまでの行程で一度も使わない道具をよくもここまで二〇日以上かけて運んできたものだ。もし岩峰がなかったら登攀具を使わないまま旅が終わるのではないかと話していたほどだ。焚き火でロープを燃やしたいと思ったのは、一度や二度じゃない。登攀具を手に取り、岩峰に持っていくギアを選別していく。ロープにカム、ハーケンにハンマー……。

「そういえば俺たち、クライマーだったな」

連日の藪漕ぎですっかり忘れかけていたが、クライミングの楽しさを思い出すと高揚してくる。登攀具以外の荷物には、水を六リットルとアルファ米、マッシュポテトを二食分。それぞれが飴玉を四~五個持った。寝具はシュラフカバーとマット、上着のジャケットを用意した。残りの物はテントの中にしまっておく。

翌朝、フィッツロイを目指して藪を漕ぐ。下見をしているので前日より早い一時間半で岩峰までたどり着いた。昨日、目をつけていた場所まで回り込んでみるが、よく見ると思ったより傾斜が急で登る自信がなくなってきた。登れそうな場所を探しにいく。すると、鍾乳洞を見つけた。直径二五メートルぐらいの大洞窟が二つあり、入り口から見ると地下深くどこまでも続いているように見える。

これだけ立派な洞窟はなかなかない。クライミングは後回しにして、ヘッドライトをつけて洞窟の中に入った。二〇〜三〇メートルほど洞窟を歩いて下りていく。天井からは十数メートルの鍾乳石が無数に垂れ下がり、地面からも鍾乳石が生えている。二人とも何度もカメラのシャッターを切った。洞窟の奥へ進んでいくと、直径五メートルの垂直の下穴で行き詰まる。穴の中には懸垂下降をしないと進めない。私たちはケイビングしにきたわけでもないのでここで引き返すが、穴ヤにとっては垂涎《すいぜん》ものの洞窟なのだろう。

鍾乳洞から出ると、腹ごしらえにマッシュポテトを食べた。クライミングはこの鍾乳洞の横からやることにした。登れたらルート名は「ジャングルフィッツロイ鍾乳洞」がいい。

ジャンケンで勝った私がトップで登り始める。思ったよりも傾斜がきつく、ちょうど壁がオーバーハングしているところで棘が通せんぼをしていて、茨が身体に引っ掛かり、体重を支えている腕がプルプルした。久々のクライミングで想像以上に身体が動かない。

フォローの高柳は荷物が藪に絡まり、動けなくなっているようで、最後は奇声を発しながら登ってきた。高柳は大汗をかきながら、

「一回、心が折れました」

これだけ連日のように心が折れているのなら、すでに高柳の心はバラバラを通り越して粉末になっているのだろう。

その後は棘の植物も少なくなり、見た目もすっきりした岩壁になった。壁には石灰岩特有の穴が開いていて、そこにスリングを通して支点にし、大胆な動きで登っていく。決して難しいものではないが、久々に前腕にかかる負荷が程よい緊張感を生み、心地よかった。

合計で二五〇メートルほど登ったところで稜上に出た。ちょうど日が沈むころだった。地平線まで広がるジャングルは茜色《あかね》の絨毯《じゅうたん》に変わり、対岸の岩峰が黒々と浮かび上がる。人類が初めて見るこの景色を、空が薄墨色になるまで眺め続けた。ここから見える最奥の場所に黒部川が流れ、その先には未踏のゴルジュが待ち構えている。

岩の隙間に薪を集め、火をおこした。薪は風に煽《あお》られて命を散らすように燃え上がった。

旅の本番はこれからだ。

（第五章へつづく）

第三章　日本最後の地理的空白部と現代の冒険

1　沢登り

日本には巨大な壁や高山こそ存在しないものの、決して広いとは言えない国土の中に地図に名前があるだけでも一万六〇〇〇余の山があり、その一つひとつに幾本もの尾根と沢がある。冷帯から亜熱帯と幅広い気候を持ち、火山に地溝、氷河地形と多種多様な環境を持ち合わせている。そこに四季の彩りと多雨多雪といった条件が掛け合わされ、世界にも類がないほどの複雑な自然環境を有している。そこから生まれた多様な自然観こそが、自然崇拝やアニミズムといった独自の文化を生み出し、それらが反映された結果、信仰登山という日本の伝統的登山を生み出した。

その中で生まれた登山のひとつが、私が愛してやまない沢登りだ。

日本発祥の沢登りには、合理的でスポーツ的要素の強い西洋的アルピニズムとは違う独自の趣がある。藪を掻《か》き分け、道のない渓をたどっていけば、シカ、イノシシ、カエル、ヘビ、アブと多くの生き物との出合いがある。彼らと共生するように、自然の内院に入り込んでいけば、自然が生み出した神秘的造形に巡り合える。そこに神の存在さえ見いだす者もいる。このような登山は、アルプスのような氷河と岩峰で造られた無機的な世界ではかなわない。

沢登りではときに厳しい登攀を要することもあるが、西洋的アルピニズムとは違い、そこで単純にルートの困難さやスピードを求めることはあまりしない。登るのが難しそうな滝があれば、高巻いて滝を越えればいい。

焚き火に酒、釣りに山菜取りと多様な楽しみを求めていい。多くの沢ヤは、登山の道中、寄り道をして足を止めることに寛容だ。途中に天然温泉が湧いていれば浸かって焚き火をするし、魚がいれば釣りをして、木の実があれば齧《かじ》ってみる。その寄り道が原因で、時間切れになって山頂にたどり着けなかったとしても、沢ヤなら寄り道を優先する。

この価値観の根底には、日本古来続く沢を中心とした里山での生活が存在している。それこそが合理性を追求する西洋的アルピニズム登山との大きな違いであり魅力だろう。

背丈を越えるような藪を掻き分けながら進み、冷たい淵を泳ぎ、泥にまみれる。はたから見れば意味のないような行為に情熱を注ぎ主題を置く。ナンセンスなように見えてそこに喜びと発見があるのだ。考えてみれば多くの登山者は、好きこのんで休みの日に山に登るのだ。山ヤと呼ばれる人種の中で家族や同僚に「なんであえて大変なことをするの？」と聞かれたことがない者はいない。

日本は狭い島のようだが、その中には記録未見の藪尾根や藪沢がまだ多く残されている。それらを追うタイプの登山には、原始的であるがゆえに、ガイドブック登山では味わえない魅力が溢れているのだ。ただ、それゆえか、沢登りは今の時代にはあまり浸透していない。

昨今の日本ではボルダリング、フリークライミング、山ガール的ハイキングと、登山が細分化されて、服装もファッショナブルになってハードルを低くしている。それぞれ若い人を中心に大変な人気だし、沢登りもシャワークライミングと呼ばれる特定の沢の綺麗な淵を渡り、滝を登る商業ツアーは人気が高い。だが残念なことに、それは沢登りの一部分だけを切り取ったレジャーの話で、探検的な要素を含んだ原初的沢登りは見向きもされていないのが現状だ。

仕方のないことかもしれないが、どうも沢登りのように決まった枠組みのない遊びに対して、日本人は苦手な人が多い傾向にあるようなのだ。「危ない」とか「もし何かあったら」ということを言われれば、確かに沢登りにはその通り危険を孕《はら》んでいる。

仮にルート図を片手に進んでいたとしても、増水・落石・害虫・毒ヘビ・苔・溺死・滑落と、普通の登山よりも明らかに不確定要素が多く、その対策も取りづらい。

「それが面白いんじゃないか」と、私は思うのだが、登山に限らず、スポーツにせよ趣味にせよ、世の中ではある程度の枠組みのある遊びのほうが好まれている。人には気質というものがあり、このように枠組みの外で遊ぼうとする人間というのは少数派なのだろう。クラスに二〜三人いた、「おいおい、まじかよ」というような、突拍子もないイタズラをするタイプが沢登りのような遊びにハマるのではないだろうか。

他にも沢登りが流行らない理由として、沢ヤと呼ばれる沢登り愛好家の格好が単純にダサく、やることが横着すぎるということもあげられる。世の中の登山者がオシャレになっていくのとは逆行し、沢ヤはいつまでたってもボロボロのジャージに身を包み、一〇メートル上流に腐ったシカの死骸があったとしても、その水を平然と汲んで湯を沸かし、お茶を飲む。

ヨーロッパ発祥のキャニオニング（沢下り）が「泳ぐ、飛び込む、大きな滝をロープで一気に駆け下りる」と、爽快で見栄えのいい女子受けするウォータースポーツであるのに比べ、沢登りはスポーツとは程遠い、「藪、泥、虫」にまみれる野蛮で原始的な遊びなのだ。人跡未踏の渓谷に入り、巨大な滝を登ると言うと聞こえはいいが、その実態はこうだ。

右手は今にもちぎれそうな草を鷲掴《わしづか》みにし、左手は粘膜たっぷりのカエルの穴蔵に突っ込む。両足は泥だか岩だか分からないようなものに乗せ、なんとか手を伸ばして這い上がろうとすると、次に摑まなければならないのはヘビがとぐろを巻いている細い枝だ。下は濁流が渦巻いており、落ちればどう考えても助からない。「頼むぞ」と声を上げ、まさに頼みの綱であるロープを握っているパートナーを振り返れば、なんとロープなんぞ握っていない。両手を離して煙草に火をつけるのに必死でロープのことなんて忘れている。

と、さすがにここまでひどい状況はそうそうないが、野蛮で原始的な沢登りの世界には、それにふさわしい野蛮で原始的な人間が多いのだ。

免疫力が落ちるという意味不明の理由で風呂に入らない男。「歯磨き」という小学生ですらする行為をやったことがない男。沢帰りの電車で靴下を脱いで、あまりの足の臭さに異臭騒ぎを起こした男……。沢ヤの世界では世間の常識どころか、世間から見れば破天荒とされる山ヤの常識ですらまったく通用しない。沢登りの王道は「臭い」「汚い」「危険」の３Kとも言われている。

そんな沢登りだが、他の登山にはない圧倒的な魅力がある。それは探検性の高さだ。クライミングの世界の初登攀が、どれだけ困難な岩壁だろうが、下から見えている場所を登るのに対し、沢登りの初遡行というのは、地理的な未知、地図の空白地を行くことになる。その中でも特に困難な地形に、「ゴルジュ」という場所がある。

ゴルジュとは、フランス語で「喉《のど》」を意味し、沢の中にあって、両岸を高い岩壁に囲まれた地形のことで、隔絶された空間の中に、困難な水路や滝を擁していることが多い。日本ではその地形的特徴から廊下とも呼ばれている。

ゴルジュはその通行の困難さから、一九六〇年代までは沢登りの世界でも登攀の対象とはされてこなかった。そのころはまだ、クライミングで滝を登るという発想がなく、ゴルジュも大滝も、全て高巻きの対象だったのだ。

一九七〇年代、国内の主だった渓谷が探査され尽くし、ゴルジュ以外の未知の要素が少なくなってくると、一部の先鋭的な沢ヤたちはアルピニズム的発想を取り入れ、高度な登攀技術を持ってゴルジュへと挑戦しだした。それまで高巻きにされてきたゴルジュを、ウェットスーツを着て泳いで突破し、クライミング技術を駆使して垂直の大滝を登った。沢登りの世界に新しい冒険のスタイルが生まれたのだ。それがアルピニズムと沢登りの融合、渓谷登攀・ゴルジュ突破だ。

一口にゴルジュといってもその存在は多様だ。台湾にある突破に一週間以上はかかる大ゴルジュ、日本の里山にある日帰りゴルジュ、あるいは街中にあるようなコンビニ系B級ゴルジュ。その異質な景観から、景勝地となっているゴルジュも多い。代表的なものをあげると九州の由布川渓谷や、岐阜の川浦谷などがある。

上に橋が架かっていたり、展望台があるなど、一般人でも見られるような景勝地のゴルジュであろうと、ゴルジュ内は隔絶された環境になるので、沢ヤにとって挑戦の的になる。例えば、岐阜の川浦谷ゴルジュを遡行しようとすると、シュールな光景になる。

川浦谷へは、人気のキャンプ場から直接入ることになる。「うぇーい！」と騒ぎながらビールを飲んでいる若者たちの脇を、全身ウェットスーツにカムやハーケンなどの金物をジャラジャラさせて通り過ぎ、泳いで入渓する。いくつかの滝をクライミングや泳ぎで突破していくと、高く伸びあがった両岸の上には橋がかかり、橋の上にはきゃっきゃうふふのカップルや、おばちゃん観光客の団体が大自然の造形を写真に収めようとカメラを構えている。こっちは水の冷たさでチアノーゼおこしているのに、わずか数十メートル先には別天地があるのだ。

ゴルジュは町中にだってある。静岡県の裾野《すその》市に、住宅街のど真ん中に景ケ島《けいがじま》渓谷という景勝地がある。沢の水は民家からの排水や、農家からの排水で澱《よど》んでいて、臭い。その臭いゴルジュだって、沢ヤにとっては登攀の対象だ。ゴミが浮いた水路を泳ぎ、腐った自転車のタイヤが引っかかっている滝の脇を、高度なクライミングテクニックを駆使して突破する。そして、ゴルジュを抜けた先にあるのは、畑のドブ。

それ以外にも日本の滝百選に選ばれ、観光客でごったがえしている滝のすぐ近くの街中にゴルジュがある。その中には誰にも知られていないような立派な滝がある。これが日本の滝百選の滝よりカッコよかったりするから面白い。

もちろん、山奥にいけばそんな探検の対象がごまんとある。隠されたゴルジュを、地形図や航空写真、周囲の地質から推測して探しにいくのもゴルジュの楽しみだ。

海外の規模の大きなゴルジュになると、側壁が一〇〇〇メートルを超えるものもある。そのような大ゴルジュでは側壁が影となり、航空写真にも内部の全容が写らない。衛星写真に写っていないのならば、ゴルジュの中の未知を解き明かすためには、歩いて、登って、泳いで行くしかない。

西洋的合理主義によって発展したアルピニズムが探検性を失い、スポーツ的に変化していくなか、正反対の気質の沢登りの世界に、ゴルジュという探検の可能性が残されていたのだ。

そして、にわかに信じられないかもしれないが、この日本に、近年まで日本最後の地理的空白部として、沢ヤたちの畏敬の念を集め、未踏を保ち続けていた大ゴルジュがあった。

2 日本最後の地理的空白部・称名廊下

一枚の強烈な写真に出合った。その写真には地獄にでも続いているかのような暗黒空間が写し出され、「国内最後の地理的空白部」という衝撃的なフレーズが添えられている。富山県中新川郡立山町に存在する「称名廊下《しょうみょうろうか》」と呼ばれる空間だ。

称名廊下は、ユーリイ・ガガーリンが宇宙へ飛び立って五〇年以上がたつ今この時代に、未だ人類の侵入を許していなかった。こんな場所が日本国内に存在していることに驚き、心を奪われた。前世紀に人跡未踏の地を目指した冒険家たちのように、地理的空白地へと向かう純粋な探検行為ができるかもしれない。

称名廊下は、霊峰立山を水源とする称名川の中腹に位置する大ゴルジュだ。川の源流となる室堂平《むろどうだいら》は春から秋にかけ多くの登山者や観光客を集める場所であり、下流には景勝地として有名な落差日本一の滝・称名滝（三五〇メートル）を有している。二つの観光地に挟まれているのにもかかわらず、巨大な未知の空間が存在していることも、沢ヤのロマンを掻き立てる。

称名廊下は称名滝のすぐ上から始まる。ゴルジュ内は、幅が平均わずか数メートルという狭さで、その両岸には二〇〇メートルの絶壁がそびえ立つ。そんな地形がなんと約二キロにもわたりほぼ直線で続いているのだ。

称名廊下の両岸の上には大日平《だいにちだいら》・弥陀ヶ原《みだがはら》という広大な湿原が広がっており、航空写真で見れば大地を巨大な斧でカチ割ったような地形をしている。廊下の底には立山の膨大な雪解け水が流れ込み、無数の滝と渦巻く釜を生み出し、生命の侵入を拒み続けている。十数年前から国内の先鋭的な沢ヤが幾人か挑戦、探査を行ってきたが、その全貌を摑むことはできていなかった。

この空間が今まで未踏を保ち続けたのには理由《わけ》がある。ゴルジュ内を流れる水は膨大で冷たく、渦巻く水路は人間の泳力ではとても太刀打ちできるものではない。側壁はヌルヌルのボロボロで傾斜も強く、クライミングで進もうとしても技術的に極めて困難。おまけに両岸の岩壁の上部は脆く、大きくハングしていて、自然落石を多発させている。

称名廊下の奥深くへ進入しようとしたら、一度入ったが最後、そのまま突破するか、側壁の極めて脆い二〇〇メートルの岩壁を登攀して脱出するしかない。

遡行の時期も限られる。八月までは称名廊下内は膨大な立山の雪解け水で溢れ、不安定に積み重なった巨大な雪のブロックが残っていて通行できない。九月ではゲリラ豪雨の可能性があり入渓不能。ひとたび雨が降れば川底は溢れ、壁からは落石の雨が降る。突破には最低一週間はかかるので、可能性があるのは一〇月の中旬のみだ。一〇月下旬になってしまえば雪が降る可能性が出てきて、寒気が来れば濡れた側壁は凍り付く。もろもろの条件が重なると、あまりにも不確定要素が多く、命と天秤にかけると迂闊《うかつ》に入ることができないのである。

私はそんな危険極まりない称名廊下の魅力にいつのまにか取り憑かれ、気が付けば頭の中は称名廊下のことでいっぱいになっていた。

二〇一二年の秋、すでに何登かされている滝だが、日本一の滝として今でも沢ヤのあこがれとなっている称名滝を二日かけて登った。

それが、この目で称名廊下を初めて見た瞬間だった。それまでに数多くの渓谷を登攀し覗いてきたが、ズバ抜けて美しい自然の神秘をまざまざと見せつけられた。巨大な渓谷というものは、どこか〝大味〟になりがちなのだが、称名廊下は非常に緻密なつくりをしていて無駄がない。渓谷登攀というマニアックな世界の人間にしか分からないかもしれないが、ゴルジュ全体が計算され尽くしたような無駄のない美しいつくりをしているのだ。機能美とでも言うのだろうか。優れた日本刀でも見ているような感覚に陥った。廊下の水流は冷徹な青白さで生命の匂いを感じさせない。水流とゴルジュの造形が合わさって、凄まじい荘厳感を放っていた。あそこの奥深くへと行くのかと思うと身震いした。

二〇一三年一〇月、ついに本格的に称名廊下に挑戦する日が来た。挑戦といっても、いきなり称名廊下の完全突破は不可能だろうと判断した私は、相棒の藤巻浩と、週末二日を利用して称名廊下を部分的に遡行して完全突破への可能性をさぐろうとした。

この年は私たち以外にも、『俺は沢ヤだ！』の成瀬陽一が廊下の調査を、そして逮捕仲間の大西良治が単独での遡行に挑戦していた。これは負けていられないという思いもあった。気分はエベレスト初登頂を目指していたマロリーか、南極点初到達を目指していたアムンゼンだ。この現代に、それもこれほどの大物の初遡行争いに加われたことに感謝せねばならない。

週末二日という限られた時間しかないが、まだ情報のない廊下の中間点から先を調べようと、岩壁の上から二〇〇メートルほどロープを垂らし、懸垂下降で地獄の底に降り立った。対岸には真っ黒な壁がそびえ立ち、行く手には青白い膨大な水を落とす滝が見える。一見して通行困難な空間だ。落ちれば二度と浮かんでこられないであろう泡立った釜の側壁を、尺取虫のようにじわじわと登攀して進んだ。側壁の登攀が難しい水路に差し掛かると、意を決し水温六度の水に飛び込んだ。あっという間に体温が奪われる。身体は凍えるが、心は熱い。このときは、わずか一五〇メートルを進むのに二日間を要した。全長二キロを通しでやろうとすれば、いったい何日かかることか。

翌週、今度は称名滝の落ち口から廊下へと入った。称名滝落ち口の水流を全力でジャンプして対岸に渡るところから始まるのだが、ここで失敗すれば落差三五〇メートルの称名滝から落ち、称名川の藻屑《もくず》となる。前年も飛び越えていたのだが、この年は水量が多く飛び越えられるギリギリの距離になっていて緊張した。その後もまったく気の抜けない滝が連続し、シリアスなクライミングが続いた。宿泊用の装備は入り口に置いてきているので、日が暮れるまでに戻らなければならないのだが、先の世界が見たくて奥へ奥へと突き進んだ。落ちれば助からないギリギリの空間が続いているが、恐ろしいもので慣れてくると恐怖感も麻痺してくる。

午後四時、入り口に引き返す時間を計算するとここが限界だという地点、そこに壮絶な光景が待ち受けていた。これまでも十分狭くなっていたゴルジュが、ここにきてさらに川幅をぎゅっと狭め、水面から岩壁が垂直以上の角度で立ち上がり、青い回廊の最奥では滝の飛沫がゴルジュを埋め尽くしている。さらにその奥、岩壁は真っ黒に染まり、凶悪な顔をした滝が砦を守るかのように鎮座し、もの凄いプレッシャーを放っていた。その姿にはここを通過する人間の生命を奪わんという自然の意志さえ感じられた。本能がこれ以上の前進を全力で拒んだ。これはホモサピエンスが進んでいい場所ではない。

結局この日は暗闇の中、水温六度の泳ぎを交えながらの危うい下降で称名滝落ち口まで戻った。落ち口で寝袋にくるまって寝ていると、夜半から雨が降りだし、廊下はみるみる増水していった。夜明けとともに慌てて脱出するも、崖上から見下ろす廊下内は水が溢れ返らんばかりの状態になっていった。もし昨夜、廊下の深部で泊まっていたら今ごろは死んでいただろう。その翌週、翌々週と挑戦するつもりであったが、天候不順に阻まれて挑戦する機会を失い、ついに雪の季節になってしまった。

そのとき、大西から一通のメールが届いた。全長二キロの称名廊下を三分割し、のべ一二日間の登攀で称名廊下の遡行を成功させたというのだ。悔しかったが、技術はもとより、大西の称名への情熱と愛が勝っていたのだ。

のちに大西から聞いた称名突破の話には身震いした。あの凶悪な面魂《つらだましい》をした滝を、たった一人でよく乗り越えたものだと賞賛した。大西ほどの高い技量を持った人間が、数年の偵察ののち、人生を懸けて挑んだこの冒険劇は、のちの歴史の教科書に載ったとしても不思議のない偉業、それほどに感じていた。これによって日本最後の未知の空間、称名廊下は未知を失った。三度に分けたとはいえ、大西が通行した以上、人間に通行可能だということが証明されたからだ。

まだ称名廊下のワンプッシュ、つまり一度のトライでの完全遡行という課題は残っている。一週間分以上の荷を背負ってあの隔絶空間に突入するのは、想像しただけで足が震える。とはいえ、大西によって人間に通行可能と証明された以上、仮に今後、称名廊下を一度のトライで突破した者がいたとしても、真の冒険とは言いづらい。だが、登攀・クライミングとして考えれば、称名廊下のワンプッシュでの通過はまだ大いなる価値を保ったままだ。

おまけに大西は、詳細な記録は墓場まで持っていくと言っている。称名廊下の未知を保ち続けるためだ。称名廊下の写真や映像は世に流れているが詳細な登攀記録がない以上、次に称名廊下へ挑む者も、大西のように自ら探って挑まねばならない。

さらに、人間で通行可能と証明されたといっても、証明したのはあの大西。最強の沢ヤ、どう考えても人類で一番沢登りがうまい男だ。そんな男が「核心部は限界ギリギリの登攀で、もう二度とやりたくない」とかと言っている。大丈夫か、俺。

二〇一五年一〇月一四日、私は称名廊下の完全遡行を目指し、称名廊下の入り口に立っていた。パートナーは一昨年に称名廊下部分遡行を共にした、藤巻浩だ。五〇手前のオヤジであるが、ただのオヤジではない。現役バリバリの絶倫だ。

藤巻とは過去に、称名滝の隣にそびえる春の雪解け期にだけ現れる隠れ日本一の滝・ハンノキ滝（五〇〇メートル）を冬期初登している。他にも劒沢《つるぎさわ》大滝や、称名滝も一緒に登ってきた。このオヤジ、昭和大登攀時代最後の生き残りの一匹といっていい男で、普通のクライマーだったら死ぬか、引退するか、「最近の若いもんは」と昔話と説教しかしなくなる年齢にさしかかっているのだが、藤巻は五〇手前になった今でも現役を貫き通し、挑戦を止めない。若いころから、ゴルジュや厳しい冬期登攀に身を削り、その傍ら、クライミング遠征のふりをして、タイで風俗や女遊びをしまくり、今ではひとまわり年下の美人妻を山で口説き落とし、二歳の息子がいる。下半身もタフだ。

今回の称名トライにおいて、私たちにはひとつのこだわりがあった。大西が行った極力水に触れない水際の側壁の登攀ラインではなく、称名の冷水を泳いで滝を登るスタイルで挑戦することだ。二番手である以上、初登者に敬意を表し、新しいスタイルでこの廊下に挑戦したかったのだ。

このような水流突破は、ゴルジュストロングスタイルと呼ばれている。ゴルジュクライミングを志向する者にとって、最も美しく潔い男のスタイルとされ、「安全無視」「死亡上等」を心に決めてゴルジュを突っ切る男のスタイルだ。まぁ、現実にはそこまでやれないが、心意気は本当にそうである。

入渓前、雨が降り続き、普段は渇水のハンノキ滝は雪解けの春を思わせる豪瀑と化していた。こんな状態で称名廊下に入る。狂気の沙汰だが、気合いで入渓を決めた。

二〇一三年にトライしたとき、駐車場からF9（九個目の滝）までをほぼ空荷とはいえ日帰りで往復していたので、初日はF11手前まで行くつもりであった（ちなみに称名廊下はF40までである）。出だしから増水した水温六度の釜を果敢に泳いで攻めたのはいいが、増水と濡れてヌルヌルになった壁、七日分の荷が入ったザックのおかげで、ペースは二〇一三年のようにはいかなかった。私は苛立っていた。

「こんなところで落ちないでしょ。時間をかけすぎじゃないすか」

と、慎重に登攀を続ける藤巻にあたった。入渓初日は大西河原でビバーク。河原と言ってもたったの三畳。すぐ先には滝が飛沫を飛ばし、水路は白濁している。すぐ下にも落ちれば助からない滝がある。寝心地は悪いが、沢ヤにとっては最高のホテル。

湿度一〇〇パーセントで滝の飛沫も飛んでくるが、ゴミと濡れた小枝を燃やして焚き火をした。アプローチ用の靴の中敷き、プラティパスの水筒、予備の手袋、予備の防水用の袋、リストバンドなど、なくてもよさそうなものは軽量化で燃やした。粗食を齧り、わずかな火で暖をとる。かじかんだ足に血流が戻っていく。

二人で一・三リットル持ってきていたハードリカーは、入渓点手前でほぼ飲み干してしまっていた。わずかなブランデーを水で三〇倍ぐらいに希釈して飲んだ。称名廊下のど真ん中で焚き火と酒、沢ヤの本懐だ。

シュラフに潜り込む。気温は〇度近くまで下がる。谷底には水の冷気と滝の飛沫と風、気温よりはるかに寒く感じる。二人とも夏用のペナペナのシュラフにペナペナの防寒着、ほとんど眠ることはできない。

実はこのとき、私はガダルカナル島の長期遡行から帰ってきたばかりで体調が万全ではなかった。長期遡行に備えて七六〜七七キロまで増やしていた体重を、称名のクライミングに備え、帰国二週間で六六キロにまで落としていた。時間がないなりに身体を軽量なクライミング仕様にしたつもりだが、あまりに急激な体重の増減で身体の耐久力が落ちているのを感じた……。

翌朝、藤巻からむちゃくちゃ顔がむくんでいると笑われた。そういう藤巻の顔もむちゃくちゃむくんでいる。水流との真っ向勝負に備え、ドライスーツ（完全防水のダイビングスーツ）で身を固め、登攀力の上がるきついクライミングシューズで攻めたのは良かったが、服と靴の締め付けで血流が悪くなり、むくんで全身アンパンマン状態になってしまったのだ。むくんだ足でクライミングシューズを履く。激しい痛みが走った。それでも前進し、称名の核心部に進入していく。

——F11核心部手前、水面から垂直の壁に走る数ミリの岩溝にハーケンを叩き込みながら登っていく。岩が柔らかく、突如、体重をかけていたハーケンが抜ける。私の身体は宙に浮き、一瞬の無重力のあと、背中と足に衝撃が走る。

「ぎゃっあ!」

あれ、思ったより痛くない。悶絶したのは私、ではなく、下敷きになった藤巻だった。幸い藤巻の怪我はひどくないようだが、自分が焦っているのが分かった。駄目だ、落ち着け。そう言い聞かせ、再び慎重に登っていく。体感五度の冷水に浸かり、凍ったように冷たい濡れた岩壁、それを登り続けてきた。手足はもう痛み以外の感覚を失っている。

そんな状態で、目の前には絶望的なF11。高巻き気味にやり過ごすこともできそうだが、ダイレクトに登ろうとするなら、びっしょりと濡れた垂直以上の傾斜の壁を、際どいフリークライミングで進むことになる。気合いを入れて取り付いたとしても、成功確率は五分と五分……。

耐え、吠え、登りきる自分を想像する。同時に、落ちて水流に飲まれ、溺れ死ぬ自分の姿も浮かんだ。水面を覗くと冷徹な水は緩やかに流れ、それはすぐ下流で白濁し、巨大な渦を巻いて、その下は白濁水路につながっていく。はたしてこのボロ雑巾のような身体で、あの冷水の中から脱出できる力が私にあるのだろうか……。

もしこのF11を成功させてもこの先はどうだろう。F11よりさらに厳しいであろうF12が、飛沫のスモークの中で悪絶に青白く黒光りし、鬼神のような面魂をした壁をたずさえて、魂を凍らせるような凄まじい殺気を放って待ち構えている。きっとあのF12は近づいた私たち二人の足を砕き、爪を剝ぎ、眼球に爪楊枝を剣山のように刺し、敬虔なクリスチャンが見たらショック死するような残虐な方法で私たちを殺すのだ。そして俺たちが死んだことで泣いて悲しむ田舎のおばあちゃんを見て笑うのだ。悪いやつなのだF12は。そんな猟奇殺人鬼のF12から、この身体を守る術が今の私たちにあるだろうか。……ない、ないな。

残りの日程、食料、天気、身体のコンディション、なによりパートナー藤巻との緩やかな軋《あつ》轢《れき》……。完全遡行するつもりで入っていた気合いと集中力が途切れたのが自分でも分かった。

「あぁ、駄目だ。一度でも弱気になったら、こういうのはもう駄目だな。やめよう。ここでビバークして明日、戻ろう」

湿ったテラスにハンモックをぶら下げ、ミノムシのように寝た。自然落石がすぐ傍をかすめる。ほとんどお座り状態で吹き曝しの風、まったく眠ることができない。カラコルムK6の氷壁での雪崩に打たれ続けてのお座りビバークを思い出していた。戦略が間違っていたのだ。水流に触れながら完全遡行できるほど称名は甘くなかった。

翌朝、足は病気のようにパンパンにむくんでいて、完全に靴が履けなくなった。敗退するといってもここから落ち口までは、来たときと同じか、それ以上に困難な登攀をすることになる。廊下の水量は減っていたが二人とも疲労していた。雨がいつ降り出すか分からない。生きるためには足を引きずってでも戻らねば……。

——二日間の苦しい登攀で、なんとか称名滝落ち口へとたどり着く。怪我はしていたが、俺はまだギラギラと生きていた。落ち口から三五〇メートル下を覗くと、展望台にいる紅葉の称名滝を見に来た沢山の観光客が見える。私の後ろには全長二キロの隔絶された異空間・称名廊下、私の肉体一枚を隔て、足元に称名滝三五〇メートル、その先に日常が沈んでいる。今日はもう、あそこに帰らなければならない……。

そして沢ヤである私は、展望台にいる観光客の女の子に「さっき、称名滝の上の奥にいたんだけど、写真見たくない？」と声を掛けるという、次なる野望への妄想を膨らませていた。

3　人類のパイオニアワークと現代の冒険

あの悪絶な面魂を発するゴルジュを、三度に分けたとはいえ、単独で遡行した大西良治。天才が命を捧げて成し遂げた冒険劇。

しかし、その偉業に対する山岳誌の扱い予定は小さかった。第三者の私がやむにやまれず山岳誌編集者に「大西が書きたい分、書かせてあげましょうよ」と進言してしまったほどだ。山岳誌の編集者でさえ大西の偉業を正しく理解できない。大西に名を売ろうなどという考えは微塵もないだろうから、なおさらメディアがこの最先端の冒険劇を拾い上げ、その価値を正しく世の中に知らせなければならなかったはずだ。だが現実には、一部の沢ヤの間でしかこの偉業は理解されないでいる。

この問題の原因は現代においてマスコミも大衆も、登山やクライミングをしている人でさえ、冒険の意味を正しく認識していないことにあるのではないだろうか。現代の冒険は、「個人の限界を追求する行為」、要するに冒険をするその個人にとって冒険的なことであれば冒険であると認識されている。アウトドアブームも手伝い、海外のロングトレイルや、自転車の長旅、秘境の観光なども冒険として紹介されていることも多い。

例えば、「自転車・厳冬期・アラスカ縦断」トカ。タイトルだけ見ると、確かになんだか凄そうに見える。が、なにか違和感を覚えてしまう……。これって、本当に冒険なの？

この違和感の正体を探るためには、まずは冒険とは何か？　ということを理解してみる必要がありそうだ。国語辞典を開き、名詞としての冒険から紐解いていこう。

「冒険＝危険を承知で行うこと」とある。

ついで、似ている単語、探検も調べてみる。

「探検＝未知の世界を危険を冒して実地調査すること」とある。

ここでさっきの「自転車・厳冬期・アラスカ縦断」に覚えた違和感の正体が分かる。それは、自転車で道路を走るのって「冒険＝危険を承知で行うこと」とまで言えるだろうか？　という違和感だ。厳冬期のアラスカがいくら寒いといっても、所詮は道路、車も通るだろうし、それはただのロングサイクリングであって冒険ではないのではなかろうか。たしかに圧雪された雪の上を、中長距離こぐのは大変だろうが……。

いや、そうやって推測だけで断定してしまうのはよくない。知られざる困難がいろいろあったはずだ。それに、自転車をこいでいた本人にとってみれば、それが危険なことだったのかもしれない。だから当事者が危険や不安を感じているのであれば、それを冒険と言ってしまっていいのだろう。しかし、そう考えると、やっぱりこれって、ちょっと恥ずかしい。だってこれを冒険っていうのは、サイクリングを危険だと思ってビビっているということになる。と、ちょっと意地が悪すぎるか。

次に、探検、歴史としての冒険を紐解いてみよう。

エベレスト初登頂や、南極点初到達、アポロ一一号月面初着陸、そして大西良治の称名廊下。これらは人類史に残る、あるいは残すべき歴史的な探検行為である。文句のつけようがない。なぜならこれらは人類にとってのパイオニアワークであるからだ。

私は、この〝人類にとっての〟という部分が重要だと思っている。人類にとって初めて行われた挑戦的行為と、その個人にとってみれば初めての挑戦的な行為とを、同じ「冒険」というカテゴリーに入れてしまっているから誤解が生まれる。

同じエベレスト登頂でも、初登頂者と二番目以降の登頂者とでは、明確に区別をつけなければならない。これは登山・登攀の世界においての鉄の掟だ。なぜならば、初登頂の情報を持った二番手以降の人にとって、エベレストにあった本来の未知がなくなっているからだ（ルートとか、季節とかはおいといて）。人類にとってのパイオニアワークと、個人の秘境旅行とでは、同じ冒険でも雲泥の差なのである。

そんなのは個人の自由だと思われるかもしれないが、冒険っぽく見せかけた擬似的な冒険が溢れていくと、結局、何が本物か誰も分からなくなり、大西良治のように本当に凄い冒険をしている人が埋もれてしまう。

人類にとってのパイオニアワークにも条件がつく。技術的に困難かつ、発想的に斬新、危険で、デカいものでなければならない。元朝日新聞のジャーナリストで、登山・探検にも造詣が深い作家・本多勝一が、『日本人の冒険と「創造的な登山」』という本の中で、「エベレストの初登頂がなされたことで、地理的なパイオニアワークは終焉した」といったようなことを書いている。古い本ではあるが、詳しい冒険論に関しては、ここで研ぎ澄まされたひとつの解答が出ているので、興味のある方は読んでもらいたい。本書の中で本多氏は、エベレスト以外の未踏峰や、岩壁のバリエーション登山などはただの重箱の隅をつつくだけの落ち穂拾いであり、パイオニアワークとは言い難い、と否定している。

私はそうは思わない。バリエーション登山も、初挑戦であれば立派な冒険になりえると思っている。ただし、確かに課題の大小は関係ある。いくら初登頂でも誰にでも登れるような課題は冒険とはいえない。曖昧な尺度だが、ひとつ作るとすれば、山を目的にしてその他一切を捨てて生きている沢ヤやクライマーが魂を込めて挑んだ未踏壁やゴルジュ、それらは冒険といっていい。

本多氏がバリエーションを穂ち穂拾いとして批判したのは、確かにあの時代に落ち穂拾いとしか言えないようなセンスのない初登が横行していたことも理由としてあるだろう。ただ、それ以上に、これはエベレストを初登頂することができなかった本多氏の嫉妬だったのではないだろうか。本多氏はその後、ジャーナリストとして、反体制としての冒険に身を移していったが……。

地球は広く、世界にはまだ多くの空白の地や、魂の震えるビッグな壁が残されている。称名廊下の凄まじい渓相を見れば分かる。調べ尽くされたと思われていた日本国内にでさえ、あのような隔絶された未知の大空間があるのだ。世界を見渡せばまだまだ巨大な未知が存在しているに決まっている。確かにそれらはエベレストのネームバリューにはかなわない。内容も泥臭いかもしれない。だがそれらは決して落ち穂拾いなどではない。ホンモノの冒険である。

例えばそう、台湾にチャーカンシーというゴルジュがあった。

第四章

台湾最強の渓谷　チャーカンシー

ゴルジュ大国、台湾。

その中東部にチャーカンシーという怪物ゴルジュがある。一九九八年、最初に踏み入ったのは、青島靖、成瀬陽一、松原憲彦という我が国を代表する沢ヤたちと、台湾の四名の岳友であった。彼らはこの渓谷の口元で、以下のようなため息を漏らし、ゴルジュをあとにした。

左岸は一〇〇〇メートル、右岸にいたっては一五〇〇メートルにまで伸びあがった岩壁に挟まれた巨大なゴルジュに、沢大滝を思わせるような連瀑が現れては、わしたちはただただ疲れきった顔を見合わせ唖然と狭い空を仰ぐしかないのだった。これまでの台湾遡渓のスタイルがこの谷に通用しないことはもはや明らかだった。いつか再びこの谷に挑戦しようという気概と、それなりのタクティクスが、果たして湧いてく

るのだろうか

（「野良犬通信ＶＯＬ．６」青島靖）

このゴルジュがいかに別次元かということは、ゴルジュ界最重要人物である青島のこの本に集約されている。ゴルジュをやる人間で、野良犬の青島を知らぬ者はもぐりだ。ゴルジュ突破のパイオニアであり、五〇を過ぎた今でも現役で、着替えること、風呂に入ること、歯を磨くこと、あらゆる文明的活動を嫌い続け、酒と焚き火とゴルジュ以外の全ての価値観を否定して生きている、生まれもっての沢ヤ、雄の中の雄……。その野良犬をもってして怪物と評したゴルジュ、それが台湾最強のゴルジュ、チャーカンシーである。

青島隊が残した写真と地形図から推測するに、その突破には最短で一〇日から二週間かかる。連日に及ぶ厳しい登攀、冷たい水流との闘いが予想され、遡行者には技術・経験・精神力・チームワーク、そして幸運が求められる。

チャーカンシー挑戦のきっかけは二〇一二年秋だった。那智の滝事件後、日当労働で日銭を稼いでいた私のもとに、沢仲間から台湾のゴルジュに行こうという誘いがきた。このとき行くことになった沢はチャーカンシーではないが、チャーカンシーに挑む前に台湾のゴルジュを知る必要があった。私はすぐに「おっけー、行こう！」と、メールを返した。

台湾は九州ほどの面積に三〇〇〇メートル以上の山を二〇〇座以上連ね、南国の洋上アルプスとも呼ばれる島だ。急峻な山岳地帯に、日本では考えられない規模の大ゴルジュを多数有し、沢ヤにとっての憧れの地だ。このとき遡行したのはチャーカンシーの支流にあたる台湾の中では中規模の渓谷であった。とはいえ、日本にあったら最大規模の渓谷で、それが記録未見の状態で残っているというから驚きだ。メンバーは隊長の橋本剛、後のチャーカンシー隊の隊長となる大西良治と、台湾人で紅一点のゴルジュ女子のジャスミン、そして私の四人だ。

私と大西にとって初めての台湾遡行だった。今回のゴルジュはジャスミンとの親睦を兼ねたチャーカンシーへのステップアップという位置づけが強かった。とはいえ、これから遡行するゴルジュも一筋縄ではいかなかった。記録未見の渓谷を一週間かけて沢登りし、キャニオニングで下りるのである。簡単に行くわけがないのだ。特に下降の渓谷は地形図からは想像もつかない見事なゴルジュを形成しており、プレ山行などと侮れないものになった。入渓後、連日のように雨が降って増水し、ただでさえ深く狭いゴルジュは膨大な水で溢れ返っていた。そんな状態でキャニオニングである。

私も大西も沢登りの経験は豊富だが、水流沿いに滝壺に飛び込みながら下りるキャニオニングに関しては素人だ。だが大西にはそんなことは関係ない。常にイケイケである。私がビビって二の足を踏むような激流帯にも、大西は構わず先行して飛び込んでいく。大西は戸惑わない、躊躇《ためら》わない。普通の人なら、うっと一瞬ビビって構えるような、結果的に飛び込むにしても、ちょっと深呼吸をして覚悟を決めたくなるようなところを、大西は散歩にでも出かけるようなノリで進んでいく。常在戦場の沢ヤ。さすが世界最強の沢ヤと呼ばれる男は、覚悟ができているというか、頭のネジがずいぶん緩んでいるな、と思いながら、大西が登攀するところを見ていた。大西は、ぬるりと足を滑らせ、滝の上から滝壺へと消えた……。

滝壺は幅一～二メートル長さ一〇メートルの水路状で竹を割ったような形をしており、増水したゴルジュの膨大な水が二筋五メートルの滝となって、その細い水路状泡滝壺に注ぎ込まれている。二筋の滝が作り出すエネルギーにより滝壺には複雑怪奇上下前後左右の立体的な流れが生まれ、滝壺は、水流と一緒に飲み込んだ空気を吐き出すように白泡を激しく噴き出し、それは火山のマグマで鍋をするかのような……と、とにかく水が大暴れしている。その中心で、大西の肉体は乾燥機の洗濯物と化した。

一回転、二回転、大西の顔が一瞬、浮かんだかと思うと、滝壺の底にいるゴルジュのヌシに足を引っ張られたかのごとく、スクリュー泡釜の底に沈み込む。大西に呼吸ができていないことは明白で、一瞬、顔が浮かんだと思ったらまた回転して水中に引きずり込まれていく。大西の肉体はあの地獄の渦から抜け出せない、――終わった。

私はこのとき、ついに目の前で仲間を失う日が来たと覚悟した。ツルツルの側壁に囲まれ、助けるためにロープを出すことすらかなわず、茫然と立ち尽くしていた。私にできることは、ただ顔をしかめて祈ることだけだった。

大西は何回転か滝壺でもみくちゃにされると、滝壺の底に沈み、浮かばなくなった。死んだ……。確かに、確実に、目の前で、世界最強の遡行者、大西は死んだ。そう思った。ところが！　しばしの間を挟み、大西は下流から浮かびあがってきた。動いている、泳いでいる、生きてる！　なんでお前はあれで生きてんだよ！

大西は下流の河原に上陸すると、こちらに向かって元気に手を振った。しかも笑ってる。まじかよ……。

滝壺を迂回して合流すると、大西はこう言った。

「回転に抗わず逆に沈む方向に動いたら渦から抜けられた。いやぁ、死んだと思ったよ」

百戦錬磨の大西だから起死回生の機転で命を取り留めたが、常人ならパニックを起こして溺れ死んでいたに違いない。その後もいろいろあったが、予定通り、一週間でゴルジュの下降を終えると、チャーカンシーの本流と出合った。

この川を遡った先に高低差一五〇〇メートルの大岩壁「針山《はりやま》」がそびえ、そのそばにチャーカンシー大ゴルジュが眠っているのだ。それを想像すると、憧れを実現したいという思いがふつふつと沸き上がり、私と大西、ジャスミンの中で、共通意識として重なった。次の春、やってやろうじゃないか。

帰国後、しばらくして、那智の滝での逮捕仲間である佐藤裕介から、参加の申し出があった。佐藤は那智の滝で逮捕され、ニュースで報道され、「フライデー」にまで載り、会社の取引先を失い、サラリーマンとしてかなりの窮地に立たされながらも土俵際ギリギリ、ギリギリというかちょっと足出ちゃってんじゃないのという、ギリギリさで会社員を続けていた。

「正直、その時期に二週間の休みはつらいな。だけど、山を始めたころからずっと憧れていたチャーカンシー……。仕事を辞める覚悟で行くよ。参加させてくれ」

独り身の私や大西と違い、佐藤には妻子がいる。仕事を辞めるという決断は大きなものであろう。いや、仕事を止める覚悟だと？　そんなのは大ウソにきまっている。あの男は「これを機会に仕事をクビになり完全自由人として遊びまくれるぞ、楽しみだなぁ！」とでも思っているに違いない。そうじゃなかったらゴメン。

はからずも最難と呼ばれるゴルジュへの挑戦に、那智の滝登攀の三人が集まることになった。台湾からはジャスミンとその沢仲間、ボーエンという三一歳の台湾屈指の沢ヤが加わることとなった。メールで頻繁に計画のやり取りをし、日本人組で集まってプレ山行や装備の打ち合わせを行った。それでも不安が尽きることはない。相手はチャーカンシーという怪物、人生最大の挑戦になると思っていた。

二〇一三年三月一九日夜、羽田からの飛行機で台湾に飛び立った。夜の台湾の空港に着くと、別便で一足先に着いていた大西、佐藤と合流する。前回台湾に来た一一月末に比べ、三月の台湾は暖かく、まさに南国といった雰囲気だった。寒さに怯《おび》えていた私たちにとってこの暖かさは非常に嬉しかった。

台北のバックパッカー向けの安ホステルに宿泊し、登攀具や食料のチェックを行った。チャーカンシーは両岸一〇〇〇メートル以上の岩壁に囲まれた大ゴルジュだ。おそらく水流沿いには膨大な水が流れており、ゴルジュ側壁の大岩壁を、何日もかけて垂直に登ったり水平に登ったり下りたりと、とにかくシビアなクライミングを繰り返すことが予想されていた。

荷物が重くてはスピーディーな登攀はかなわない。装備の軽量化が事の成否を分けると考えていた。三〇グラムのカラビナ一枚を余分に持つことが失敗に繋がるかもしれない。ホステルで装備を広げ、再度チェックをした。

軽量化至上主義の大西はカラビナの枚数を数え、少し悩み、一枚減らす。二枚減らす。どんどん減らす。ちょっと減らしすぎだろうというぐらい減らす。私と佐藤は「少なすぎじゃね？」と、不安になり、大西にバレないように、こっそりカラビナを自分のザックに忍ばせる。

準備が終わるころには夜が明ける直前になっていた。気持ちばかりの仮眠をとり、寝惚け眼《まなこ》で電車に飛び乗った。目指すは花蓮《フワレン》という台湾中東部の街だ。空を見上げると心配していた天気はそれほど悪くなさそうに思える。列車から見える河川の水はどこも少ない。「これはいけるぞ、チャーカンシーいただきだ」。佐藤が吠える。列車の中で。

花蓮の駅に着くと、予約してあったタクシーに乗り込み、入渓地点までの移動を開始する。タクシーといっても四輪駆動車で、正規の許可を得ていない闇タクシーだ。運転手はいかにもやんちゃそうな雰囲気の入れ墨をした男だった。そういえば、前年の二〇一三年台湾遠征の拠点となった宿も、怪しげな無許可の闇宿だった。前回にせよ、今回にせよ、これは紅一点のジャスミンのコーディネートなのだが、普段は若者向けのオシャレなホステルを経営し、政府関係の仕事もしているというジャスミンが、いったいどうやってこの闇の住人たちと繋がっているのかは謎だ。

ともあれ、この四駆タクシーのおかげで、舗装路が終わってからも、河原のダートを進むことができ、渓谷のかなり奥まで入り込めた。到着すると、昨秋の台湾遡渓のときは増水して濁流になっていたチャーカンシー下流部が、水かけ遊びでもしたくなるような穏やかな流れになっていた。「こりゃ、楽勝だぜ」と、再び皆で顔を見合わせた。

ゴルジュ突破は水量の多い少ないが成否を大きく左右する。水量が多ければ水流際を進むことがかなわずに、側壁の大登攀になって時間を取られる。泳げればかなりの時間短縮だ。あとは天気さえ持ってくれればと考えていた。

初日の宿泊地点は簡単な河原歩きをしていけばたどり着ける、二子山温泉《ふたごやまおんせん》という天然温泉までの予定だった。だから初日の晩だけは、温泉に浸かりながら豪勢な食料と焚き火で宴会の予定をしていた。

しかし、タクシーで思ったより奥まで入れたこともあり、入渓点からわずか二時間歩いただけで温泉に着いてしまった。ちっ、早く着きすぎた。これはまずいと思った。私は沢中で天然温泉に浸かり、焚き火をしながら酒を飲むのが夢だったのだ。それをここで是非やりたかったのだが、この時刻では、前進主義の大西は先に進もうと言うに決まっている。案の定、大西は、

「ここで泊まるのは早すぎますなぁ。先、行きますか」

と、言った。無念。名残惜しいが温泉をあとにして先に進むことになった。

一九九八年の青島隊の記録では、二子山温泉から先は渓谷が狭くなり、ロープを出しての登攀や、濁流を走り幅跳びで越えていたが、今は水量が少なく、私たちは何の苦労もなく夕方にはゴルジュの入り口までたどり着くことができた。眼前には高低差一五〇〇メートルの岩峰「針山」が、雲をたずさえ、天を突かんばかりに伸びあがり、その見事なまでの山容は、力道山の朝勃ちを連想させるほどに立派で、いかつく、ごつく、カッコよかった。

この日は大岩が積み重なって屋根になっている場所・岩小屋を見つけ、そこに泊まった。大

岩がゴロゴロしている台湾の沢では、雨や落石をしのぐために岩小屋を利用して泊まることが多い。タープは持っていくが、重たいテントは持参しない。

とはいえ、岩小屋は怖いこともある。ある沢仲間が岩小屋の下で寝ていたとき、天井のトラック大の岩がゴロリと動いて、ついさっきまで寝ていた場所が潰れてしまったことがあるそうだ。慌てて飛び出して大丈夫だったらしいが、恐ろしい話である。

二日目、佐藤は朝が早く、私が起きるころには焚き火で朝食の準備をしてくれている。いい先輩を持ったものだ。おかげでギリギリまで寝られる。夜は若干冷えたが、昨秋の台湾遡行のときのような毎晩凍えて眠れないほどの寒さではない。服も薄着のまま眠ることができた。これなら標高を上げて気温が下がってきても問題ないだろう。

チャーカンシーには地形図から三つの大きなゴルジュセクションがあることが分かっていた。なかでも最初に出てくる第一ゴルジュが最大規模で、これがチャーカンシー登攀の核心部であることは間違いない。この日は青島隊が一五年前に引き返した場所の先まで行く予定であり、そこから先は、人跡未踏の世界に突入することになる。

朝の支度を終え、さっそく第一ゴルジュへ進入する。左の岩壁は針山を頂点に一五〇〇メートルの高さで屹立し、右の岩壁は一〇〇〇メートルの高さでオーバーハングして覆い被さっている。その突端からは天から舞い落ちるような滝が幾筋も降り注ぎ、この世のものとは思えない幻想的な光景をつくりだしていた。両岸の凄まじい光景とは裏腹に、川底はまだ穏やかな清流で、河原を歩き、小さな滝を登り、釜を泳いで進んでいく。青島隊の最終到達地点直下にたどり着く。

眼前には通行困難な巨岩と滝があって、進路を塞いでいた。これをやり過ごすためには右壁の台地に登る必要がある。その台地が青島隊の最終到達地点で「見晴らしテラス」と名付けられていた。見晴らしテラスを目指し、大西がトップで登攀を開始した。すると、突如として谷に轟音が鳴り響いた。一瞬で視界が変容する。目の前にいた三人の仲間が消えた。

足場にしていた大岩が崩れ、大岩と共にボーエン、ジャスミン、佐藤の三名が谷底に落ちた。急激に心拍数が上がる。こんなところで……。

と、三人とも死んだと思ったが、崩れた岩の下をよく見ると、三人は岩の下敷きにもならず、激流に呑まれることもなく、かろうじて岩にしがみついて生きていた。これは運だな。私もヒヤリとしたが、落ちた三人は心臓が止まる思いだったろう。そんな私や皆の心境とは別世界で生きているように、大西は「怖いねぇ」と、ニコリと笑い、何事もなかったかのようにそのままテラスへ向かって登っていった。私たちも大西に続き、見晴らしテラスに登っていく。テラスに立って、視線を先に向ける。

ゴルジュの底、眼前には三〇メートルほどの岩壁があり、その中心にある樋状岩壁から極太の水の束が押し出されている。水の束は重力によって地球の芯に引き寄せられ、同時に上からの水圧に強引に押し込まれ、ブレーキの壊れたダンプカーのような勢いで滝下部にある岩の突起にぶつかる。衝撃で水の束はその身をバラバラに散らせ、二〇メートル以上の巨大な円弧を描きながら舞い、白いドームをつくる。散り散りになった水は滝壺の河原全体を淡い乳白色のミストで色付けしながら地面に落ち、川幅いっぱいに広がって河原の石を白く染めている。問題は、その先にあった。

幅数メートルの岩壁の隙間を真っ白に埋め尽くす十数メートルの斜瀑、白濁した大渦の釜、一五メートルの稲妻状垂直瀑、一〇メートルの青白垂直瀑、その先でゴルジュは九〇度に屈曲し、先の世界は分からない……。

それはゴルジュとして、あまりに完璧に、出来すぎなほど見事に、これ以上このゴルジュをゴルジュさせることができないほど、無駄のないゴルジュであった。

そしてこのゴルジュは、確かに無機物であるはずだが、本当は自然のふりをしているだけで意志を持っている。近づく生命体を全て跳ね返してやろうと、その悪絶な殺気を隠すことなく豪快に解き放ち、初めてスーパーサイヤ人になったときの孫悟空のような圧倒的強さと冷酷さで我々の前に立ちふさがっている。

それは朝霧の靄《もや》の中を小型の偵察ボートに乗って進んでいた我々にとって、霧の中にそびえていた巨大な岩峰島が、そんな優しいシロモノではないということを、はっきりと、くっきりと、認識させられたような、そんな瞬間であった。カモフラージュをしていたのはとんでもない悪夢、世界最悪の擬態、圧倒的なまでの巨大な質量をもった鋼鉄の要塞、世界最大にして最強、帝国海軍が誇る怪物、戦艦大和だ。

その戦艦大和こと孫悟空は、肩からは自慢の四六サンチ砲の全門をこちらに向け、手には、かめはめ波のエネルギー弾を存分にため込み、脂肪とタンパク質に二ミリぐらいのポリエチレンをまとった単なるホモサピエンスである私たちに、ただのサルにすぎない私たち沢ヤに、伝家の宝刀を全弾ぶっ放す気でいるのだ。

いいだろう、やってやろうじゃないか、俺たち、沢ヤの力を舐めるなよ！

と、意気込んだところで、あの連瀑を水流沿いに突破するのは不可能である。トライ自体があり得ない。当然の回避、当たり前の迂回……。

皆で相談し、私たちは連瀑帯の横の上のほうの横の岩棚状の岩壁帯をトラバースしながら……、と、要するに不可能連瀑帯からちょっと離れた簡単に登れそうな岩壁を登り、連瀑帯を迂回して進むことにした。戦艦大和は倒せないけど、大和から離れたところにいるちっこい駆逐艦ぐらいならギリギリ倒して進めるかな、というライン取りである。

見晴らしテラスから続く岩壁の弱点を登攀していくと、絶望的なゴルジュ内にあって奇跡的な広場に出た。激流と一〇〇〇メートルの壁の間に挟まれた、ゴルジュ内のオアシスとも呼べるような空間だ。幸運なことにわずかながら薪《たきぎ》もあった。側壁から一〇〇〇メートル分の勢いをつけて落ちてくる落石に当たれば、つぶれたトマトどころか、粉みじんになるだろうが、まぁ、大丈夫だろうと、ここでキャンプをすることにする。

ボーエンは川底へ水汲みに、大西と佐藤が先へのルート工作に、私とジャスミンは焚き火の準備だ。湿った薪に火をつけ、湯を沸かし、飲む。

数時間後、日が沈んで三〇分ぐらいしたところでヘッドランプをつけた大西たちが戻ってきた。佐藤は大喜びで、

「不可能連瀑帯の先までルートは繋がるぞ」

と、叫んだ。

「その先はどうなるか分からないけど」

と、付け加えて。

三日目、大西たちがルート工作して残してきたロープを頼りに進んでいく。不可能だと思われていた連瀑帯は上方の側壁に奇跡的に登攀ルートがあり、なんとか越えることができた。そのまま側壁の岩棚を登攀しながら進むと、大洞窟があるところまで進んだ。落石を避けられるこの洞窟を、この日の幕営地にすることにした。問題はこの先だった。

側壁の岩棚はここで途絶えていて、水流際は極めて狭い水路になっている。先に進むには水流との格闘が不可避に見えた。側壁を登攀して水路を高巻くにしても、高低差三〇〇メートル以上のクライミングが必要そうだ。どこから登るにせよ、苦しい登攀が予想された。

ただそんな側壁も、ずっと眺めていたらなんとなく登れそうに思えてくる。

私が「あそこ登れるんじゃない」と、オーバーハングした岩壁に走る岩溝を指差すと、「確かに」と佐藤がうなずく。対岸に見える垂直の側壁を三〇〇メートル登攀すれば、台地や岩棚に出てこの先にある人類通行不可能水路を迂回して進めるかもしれない。

そうと決まれば話は早い。さっそく河原へと下《お》り、対岸の岩壁にルート工作することにした。これまでのボロボロの岩壁の登攀に比べると、水流で磨かれたこの壁は、傾斜こそオーバーハングしていて難しそうだが、快適なクライミングが楽しめそうに見える。このハングした壁が第一ゴルジュ突破のハイライトになるに違いない。トップで登ることを私が買って出た。

まずは対岸まで川を渡渉する必要がある。「よーし」と、裸足になりズボンの裾をまくった。衣服やクライミングシューズを濡らさないように渡渉しようとしたのだ。水に足を入れ、二歩進む。足裏にヌルヌルの苔の感触、見事スリップし、濡れネズミになった。マヌケだ。

気を取り直し、ハーケンやカムといった大量の登攀具で重武装して登攀を開始した。ところどころハーケンの利きが悪いが、順調に登り高度を上げていく。一メートルほどのハング壁を乗り越え、グラグラ動く岩と、泥っぽい足場に苦心しながら、「おぉ」っと、短く吠え、落ちてもいい覚悟で岩溝を一気に登りきる。傾斜が緩んだところでハーケンとカムで支点を作った。この日はもう時間がないので、ここまでだ。残りのルート工作や荷揚げは明日にする。

四日目、昨日残してきたロープをたどって登り、その先へとルート工作をいく。懸念していた抉れた岩壁帯は、幸運にもうまく迂回するルートが見つかった。空荷でクライミングをしてロープを固定し、懸垂下降で下りて、登攀具と食料が詰まった重たいザックを荷揚げ。それを延々繰り返した。玉の汗が噴き出し、岩にしたたる。そんな作業を川底から四〇メートルロープで七ピッチ分、高低差約二五〇メートルこなしたところで傾斜の緩い場所に出た。

川上に向かって緩い斜面を進み、不可能水路を通り越したであろうあたりから、再びゴルジュの底へと懸垂下降するポイントを探った。

大西が沢ヤの勘で下降ポイントを見つけ出した。そして大西は親指一本ほどの太さの木にスリングを巻き付け、ロープを通し、全体重をあずけ、絶壁をするすると懸垂下降で下りていった。それを見た私は佐藤と顔を見合わせた。

「大西さん、研ぎ澄まされてるなぁ……」

なんという細い木、木というより太めの雑草だ。懸垂下降の支点としてはあまりに心もとないが、これを下りなければ先への道はない。大西の沢ヤの勘を信じ、きしむ木に体重をあずけ、ヒヤヒヤしながら懸垂下降を開始する。そして懸垂下降を繰り返す。元の場所にはもう戻れない。それでもがんがん懸垂下降していく。天才遡行家の大西には壁の中腹にゴルジュ出口へと続くラインが見えているらしい。

確かに絶壁の中にある岩棚が、ゴルジュの出口に向かって伸びているが、それは途中で途切れている。はるか下にある川底はどす黒く狭まり白波立った悪絶水路が見える。地獄の底に下りていく気分だ。いつしか日が暮れた。

下りた先は一〇畳ほどのテラスだった。テラスは川底に向かって外傾しているものの、岩壁の中で唯一横になれる貴重な場所だった。側壁の大登攀と、決死の連続懸垂下降、みんな喉が渇いている。水がいる。

ここまでずいぶんと下りてきたとはいえ、川底まではまだ相当な距離がある。誰かがここから暗闇の懸垂下降をし、川底から水を汲み上げてこなければならない。夜だし、見えないし、川底がどうなっているか分からないし、嫌な作業だ。誰もやりたくない。

すると大西が水を汲んでくると申し出た。さすが大西隊長といったところだが、ここまでの懸垂下降で先頭に立ち、疲労している大西を行かせるのはいくらなんでも酷だ。やりたくはないが、ここはメンバーで一番年下の私がやらざるを得ない。

「いやいや、大西さんも疲れてるでしょ。こんなの俺がちょちょっと行ってきますわ」

「じゃあ頼んじゃおうかな。明るいうちに川底を覗いて見てたけど、この下は河原になってるから大丈夫。ここから川底までも四〇メートルロープ一本あれば十分足りるよ」

と、ニコニコしながら言った。私はそんな大西のアドバイスを信じない。なぜなら、単独業で研ぎ澄まされた大西の安全係数には余裕がいっさいないことを私はよく知っていたからだ。ここでいう安全係数というのは、不確定要素に対する予備とか、備えとか、余裕という意味だ。

例えば、普通のクライミング用カラビナは、二四〇〇キロの衝撃加重に耐えられるように作られている。その数字もメーカーが保証している最低限の公表値であって、実際にはもっと大きな加重でも耐えられるだろう。

だが大西の場合、自分の体重分五四キロまで耐えられるカラビナであれば問題ないと思える男なのだ。普通の人間なら欲しいと思って当然の余裕の部分、安全に対する備えのようなものを、大西は不純物・無駄なものだと思っている。おそらく、大西ほどの男なら、防水ではないスマホでも、「水につけなきゃ大丈夫でしょ」と、平然と風呂で使うはずだ。スマホ片手にシャワーぐらいは浴びる。そういう研ぎ澄まされた男なのだ。

大西に比べれば、私なんぞは凡人の範囲を出ない。そこまで感覚を研ぎ澄ませられないのだ。そこらのヌルい量産型クライマーに比べれば、私とていくらか研ぎ澄まされた部類に入るだろうが、それでもせめて一五〇キロぐらいまでは耐えられるカラビナを使いたいのだ。

私が見たところでは、ここから川底までは一〇〇メートルくらいはあるように思えたし、川底も安全な河原には見えなかった。研ぎ澄まされすぎて擦り切れてる大西と、凡夫の私とでは同じ場所でも見えかたが違うのだ。私は大西のありがたいアドバイスをガン無視し、ロープを三本連結して川底へと懸垂下降の準備を始めた。佐藤は笑いながら、

「こんな暗闇でどうなってるか分からない川底に下りていくのか、ナメちゃん（著者）ともこれが今生のお別れだな」

と、茶化した。懸垂下降を開始すると、案の定一〇〇メートル以上の空中懸垂下降となった。水を背負って登り返すのかと思うと憂鬱になる。ゴルジュの底に下り立つと、幸いにも大西の言う通り河原になっていた。私がビビりすぎていただけだ。

暗黒のゴルジュの底ほど気味の悪いものはない。瀑音が耳を叩き、飛沫が頬を触った。すぐ先に滝があるのだ。水を汲む前に、ヘッドライトの明かりを頼りに、暗闇ゴルジュの先の様子をうかがいに進んだ。

十数メートル進むと、空中にトレーラーサイズの巨大な大岩が浮かんでいた。規格外のサイズだ。それが狭まった両岸の岩壁に挟まれ、宙に浮いていた。その大岩の先には、不気味な滝が凄まじい飛沫をあげている。闇の中、とてもそれ以上一人で進む気にはなれず、引き返し、

おとなしく水汲みをした。空中から垂れ下がったロープをユマーリング（きのぼん）という登降技術で登り返していくが、よく見ると連日の登攀で酷使されたロープは、ところどころほころんでいる。私の体重と水の重みがかかり、ロープが上部の岩でスレている感触が伝わってくる。

「切れるんじゃないだろうな」

こんな役、佐藤に頼めばよかったと後悔する。ヒヤヒヤの想いでテラスに戻ると、佐藤は、

「あれ、なんだ、まだ生きてるな」

と、笑って軽口を叩いた。

五日目、軽い朝食を済ませ、さっそく脱出ルートを見定めに行く。テラスから岩壁を一段登ると、ゴルジュの出口へと向かって細い岩棚が続いているように見えた。これならなんとかゴルジュを抜けられるかもしれない。大西の研ぎ澄まされたルートファインディング感が当たったのだ。

そこに向かってさっそく登攀を開始する。難しくはないが岩が脆くて今まで以上に支点が作れなかった。ハーケンを打っても岩が崩れて抜け落ちる。小指ほどの心細い枝にスリングを巻きつけ、それを頼りにクライミングを続ける。しばらくは順調に進めたが、途中で岩棚が途切

れた。まだゴルジュの出口まで四〇〇メートルはある。あたりを見渡すと、斜め数十メートル下に、岩棚が見える。そこからゴルジュの出口までなんとなくルートが繋がっているように見える。目の前の岩にハーケンを打ち込み、それを支点に斜めに懸垂下降をし、下の岩棚に移った。

下りた先は畳半畳ほどのスペースで、そこにハーケンを二本打ち込んだ。利きが甘くグラグラしている。後続の大西たちをここに受け入れるということは、このグラグラのハーケンに相当な加重がかかる。万一ハーケンが抜けると、私は上の支点から振り子状に四〇メートル吹っ飛ばされ、空中にぶら下がることになる。悩んだが、他に方法もないので、これで後続の大西たちを受け入れることにした。

大西が斜めに懸垂下降を始めると、目の前のハーケンが軋《きし》んだ。ヤバい。「おい、八五〇円のハーケンよ、俺の時給より高いんだ、頼むぜ」と、祈ってみる。グラグラしているが、祈りが通じたようで抜けなかった。

トップを大西に交代して出口に向かってルート工作を進めていく。ぽつぽつと氷雨が降りだした。岩壁を構成している石灰岩は、濡れると手がつけられないほどツルツルになる。このまま雨が降り続いたら……と、肝を冷やしたが、雨はしばらくするとやんだ。まだ運が味方してくれている。トップを交代しながらガンガンと登っていく。

——ついにゴルジュ出口の台地にたどり着く。振り返ると、はるか下、両岸一〇〇メートルの岩壁に挟まれた滝と淵を連続させる川底が見える。あの奥底からよくぞここまで這い上がってこられたものだ。奇跡的に繋がったとしか言いようのない会心のライン、ピカソもモーツアルトも嫉妬するような、最高の作品。

——そこから五日間、第二ゴルジュ・第三ゴルジュを、人間脚立、ハンマー投げ、沢ヤの全戦力、全武器を導入し、ゴルジュから逃げたり、正面切って戦ったりしながら進んでいった。

俺の落とした落石で怪我をして悶絶するボーエン、藪蚊《やぶか》にボコボコに刺されながらの草むらビバーク、決死の夜間懸垂下降で逃げ場のないゴルジュ河原でのビバーク、そこに無情に降り注ぐ大スコール……。

——一〇日目、標高を上げ、木々はなくなり、水流は減り、沢は荒廃した岩屑の世界へと変貌していく。冒険の終焉が近づいている。ずっと憧れてきたチャーカンシーを突破したのだと思うと、自然と笑みが浮かんでいた。岩の斜面を登っていくと、いつしか水流は消え、一滴のしずくとなり、頂上稜線へとたどり着く。

山頂の標識の前で、最高の仲間たちと静かに握手をし、写真を撮った。稜線の西にある谷へ下り、キャニオニングしたり自然湖を三〇〇メートル泳ぐなどし、二日半かけて麓の集落へ……。

佐藤がつぶやいた。

「一五年前、まだ山を始めて間もないころ、青島さんたちの記録を見て、世界にはそんな凄いゴルジュがあるのかと感動し、いつか自分もそんな場所に挑戦したいと思っていた。それが本当にかなうなんて……」

私は言った。

「で、来年はどこに行きますか？」

最高の仲間たちと、笑い合い、語り合う。

第五章　タイのジャングル四六日間の沢登り　その二

1　フィッツロイ・トラバース

夢を見ていた。なんの夢かは思い出せない。

夜明けの明かり、鳥のさえずり、冷たい風、夢から覚める。もぞもぞとシュラフカバーから這い出ると、目の前にはギザギザの岩と淡い青空、振り向くと、地平線まで朝霧に包まれた緑のジャングルが広がっている。今、自分が異国のジャングルの未踏の岩峰にいるということを認識する。不思議な感覚……。

隣の岩溝の陰で何かがもぞもぞと動く。青いシュラフカバーから何かが這い出ようとしていた。思い出した。私はこいつとずっと旅をしてきたのだ。

少年のような風体で、猫背にハンドポケットで歩き、どんなときでも帽子のツバを後ろ向きに被り、口を開けば相手に顎を向けて人を見下すようにしゃべり、なんだか見ているだけでも無性に殴りたくなるような生理的にむかつく顔をしていて、初めて会った人に自信満々で「僕は山岳フォトグラファーだけど、きみは何やってんの？」と自己紹介をする男、そう、スーパーアルパインクライマーことフォトグラファー高柳だ。高柳も、起きてきた。

私はこの高柳とこれから、この黒部の岩峰ことフィッツロイを縦走し、地平線の向こうまでジャングルの藪漕ぎをしなければならないのだ。まじで俺、なんでこんなことしてんだ。

焚き火をして食事を作る。景色を愛でながらスープとアルファ米を口に入れる。ほっこり、あったか。眼下に広がる白秋の森は淡い朝霧に包まれ、対岸の岩峰の上を数珠状の丸い雲が、左から右へゆっくりと泳ぐように流れ、陽光が徐々に森を照らし、朝霧はゆるやかにその色を薄め……、
キーキー!! ウキャ、ウッキャー！ ウキョ!! ウキャッキョビョ!? ギョギャギャ！！！

サルだ。いや糞サルだ。サルトルよりもムカつく糞サルだ。アンビエントな雰囲気で岩峰の上でスープを飲むカッコいいクライマーだったさっきの俺を返せ。あのいい雰囲気を返せ。

とはいえ、このサルの領域に勝手に踏み込んでいるのは私たちのほうだ。ここは大自然の中なのだからサルとはいえ偉大な先住民、最大限リスペクトしなければならない。と、俺が思って身を引くとでも思ってんのか！ この糞サル。

サルがあまりにしつこく威嚇してくるので、私もサルに対して「ホー」とか「ウォー」とか奇声を発して威嚇し返した。サルは負けじと威嚇し返してきた。生意気な糞サル。私は怒っ

た。お前にも沢ヤの力を見せてやる。

私は腹の底から「わぁあぁあぁあぁっぁあああっっっ!!」と、叫び、手元にあった小枝をサルに投げつけた。サルは逃げた。この岩峰のボスは私たち沢ヤがやらせてもらう。サルには渡さない。まぁ、明日には返してやるから勘弁しろな。

熱帯雨林の海に浮かぶフィッツロイの稜上には、小さな岩峰がいくつも並んでいる。私たちはこれからその小岩峰を登り下りしながら縦走するのだ。

幕営地から簡単な岩場を少し登っていくと、ひとつ目の岩峰の先端に立った。岩の先端の面積はちゃぶ台程度しかない。ふらついて倒れたら高低差二五〇メートルの空中散歩……。

臆病な私は、写真のために一瞬だけ岩で立ち上がってポーズをとった。

「怖いから早く撮って」

パシャっとシャッターがおりると、すぐに下りようとした。すると高柳は、

「待って、もう一枚」

ときた。仕方がない。フォトグラファー高柳さまのリクエストに応えて、しぶしぶもう一度立ち上がってポーズをとる。

無名の岩峰とはいえ記念すべき初登頂だ。ここから残りの岩峰を南に向かって縦走する。見た目は急峻でロープを付けずに進むには不安を覚えたが、進んでみるとトゲトゲした岩が沢タ

ビのフェルトに食い込み、案外登りやすかった。ロープを出して登るようなちょっと痺れるクライミングを交えつつ、半日ほど縦走していくと、四つ目の岩峰にたどり着いた。先を見渡す限り、あと二つ三つ、小岩峰を越えればフィッツロイ・トラバースを終わらせることができそうだ。二人とも疲れていたので岩陰で小休止することにした。

岩峰の上は日差しを遮る陰がなく、暑かった。ジャングル内では寒い思いをしていたので、雲泥の差だ。高柳の表情は曇っている。口数も少ない。たぶん、軽い脱水症と熱中症なのだろう。

やれやれ、この岩峰縦走は簡単に終わると思っていたが、この様子だとギリギリだ。そう思っていると、

「あ、そこにトウモロコシが落ちていますよ」

と、しばらく無言だった高柳が突然言葉を発した。

振り返ると、確かにトウモロコシのような実が落ちていた。一瞬、間があいた。これは私に食べてみろということなのだろう。確かに今まで木の実は率先して高柳が食べていた。私は万一、毒に当たったらと、そういう行為は控えていた。トウモロコシみたいな実は私の左手五〇センチ先に転がっている。ここで食べないのは、なんとなく男が廃《すた》るような雰囲気がある。

しかし、周囲に木もないのに一個だけ落ちている実など、どう考えても怪しい。サルがくわ

えてきたものの、まずくて吐き出した物なのではないだろうか。高柳の顔を覗くと、

「あれぇ、宮城さん食べないの？　意外と度胸ないよね」

とでも言ってきそうな、むかつく顔をしてニヤついている。

ここで実を食べないのは沢ヤが廃る。仕方がない、私は左手五〇センチ先にある実に手を伸ばした。

「ほんとだ、これは純然たるトウモロコシだな」

そう言って、一口齧った。意外だ。美味くはないが、食える。

「いけるじゃん、これ」

呑み込もうとした瞬間、口の中に酷い苦みが広がり、次に痛みが走った。慌てて吐き出した。水筒の水を口に含んでうがいをし、吐き出す。痛みは消えるどころか増していった。水は残りわずかしかなく、無駄にできない。少量を口に含み、ゆすいで吐き出す。それを五回、六回繰り返した。痛みは壮絶なもので、タバスコを一気飲みしたってこうは痛くないはずだ。岩陰に入り、横になってもがいた。

水を節約するために、唾液で口をゆすいでは吐き出した。痛みはやまず、眩暈《めまい》と吐き気までしてきた。高柳は、「大丈夫？」と軽い一声をかけてきたが、以後何の声もかけてこなかった。

一時間ほど横になって休んでいると、だんだんと症状は治まってきた。口の中は麻痺したま

まだったが、痛みで動けないという状態は脱した。どうやら死に至るような毒ではなかったらしいが、呑み込んでいたらと思うとゾッとした。

立ち上がって岩陰で休んでいた高柳に声をかけた。高柳も脱水症状でだるいのだろうが、こっちは毒の実を食べて七転八倒しているんだから、介抱ぐらいしてくれよ、と思っていたが、悔しいので何も言わなかった。

「治ったの？　次の岩峰はやめて下りますか？」

高柳が言ってきた。

「ここまで来てそんな選択肢はないな、お前が大丈夫なら行こうぜ」

と返した。

毒の実の写真をとって下山後に調べようとしたが、高柳は実を捨てたという。でも写真は撮っているとのことだ。高柳のカメラを見せてもらった。毒の実が写った写真が数枚と、私が倒れている写真が数枚あり、その合間に一〇枚ほどの高柳の顔のアップ写真があった。岩峰をバックに何枚も自撮りしていたのだ。私が倒れているときに。

最後の岩峰を登り、岩峰の裏側を懸垂下降で下りた。テントに戻ったのは、夕暮れギリギリだった。岩峰の上で威嚇してきたサルのことを思い出し、ひょっとしたらテントが荒らされているかもしれないと、足を急がせた。

食料はテントにしまって防水袋に入れていたが、サルがその気になれば簡単に引き裂いてしまうだろう。沢筋がどこかも分からないジャングルで、食料を荒らされたら悲惨だ。

テントに着く。幸い荷物は荒らされていなかった。テント脇の沼から水を汲んだ。濁った泥水だが、二人とも一気に一リットル以上を飲んだ。脱水症状に陥っていたので、生き返った気分だった。

焚き火をして夕飯の支度をした。岩峰にいたときから、夕飯は寒天ぱぱカレーにしようと決めていた。これまでの行程で焼肉ふりかけとのりたまふりかけは使い切ってしまっていた。ご飯にはスープに使っている豚塩、鶏塩の粉末をふりかけにして食べている。ただ五日に一回分、お楽しみ用に粉末カレーを持ってきていたのだ。

カレーは、タイのスーパーで買ったスープカレーが数袋と、高柳が日本から持って来た寒天ぱぱカレーがあった。ぱぱカレーは六〇キロカロリーしかないヘルシー食品だ。軽量で粉末なのはいいが、山に行くのになんでわざわざ低カロリー食品を持ってくるのだと、最初は高柳に憤慨していた。同じ量なら山では脂ギトギトの不健康食品が常識だろうと。しかし、このぱぱカレーが食べてみるとものすごくうまいのだ。

「おれ、帰ったら通販で大人買いするわ」

旅の後半はこのぱぱカレーの日を楽しみに行動することになった。

2　ジャングルの降渓

見栄えのいい岩峰を登った翌日からは、見栄えの悪い泥沼を歩くことになった。沼に足をズブっ、ズブっ……うざい、遅い。ズボッ、ニュチュ、進まない。我慢してしばらく頑張る。次第に泥沼に若干の流れが出てくる。とはいえ、一歩歩くごとに脛《すね》から膝まで泥に潜り、おまけに棘付き蔓が前方を塞いでいる。ナイフで蔓を切って一歩進もうとするが、足を泥に取られ、無理やり足を上げようとすると沢タビが脱げそうになるので、足首に力を入れてタビが脱げないように踏ん張り、両手で太ももを持ち上げて足を抜く。そしてまた一歩踏み出して進み、蔓をナイフで切る。これを延々と繰り返す。精神が崩壊しかねないうざさである。

あまりにうんざりする行程に、沢筋から離れて陸地を進もうともしたが、陸のほうがより藪が濃く、全身蔓に絡まって身動きが取れなくなる。仕方なく、また沼の沢筋に戻って沼ズボする。

おまけに沢筋は激しい蛇行を繰り返していて、直線距離で一〇〇メートルの距離でも、実際にはその三～四倍の距離を歩くことになった。黒部はここから一二キロ沢を下った先にあるが、こんな状態がずっと続けばとてもたどり着けない。

そんな最悪の状況だったが、幸運にもそれはそれほど長くは続かなかった。半日ほど進むと沼地は開け、北東から流れてくる沢と合流したのだ。水は透明で流れもあり、川幅は四メートルを超えていた。いったいどこからこの沢が流れてきたのか、地形図を何度見ても分からなかったが、とにかくこれからは楽に歩けると思った。

河原にはハンターのものと思われるキャンプ跡地があった。こんなところまで人間が来ているとは、恐るべきは現地人。

キャンプ跡地はちょっとした広場になっていて、魚を干したであろう木製の木のテーブルがあり、墨で黒く染まった焚き火跡があった。ここまでずっと先頭に立って蔓を切ってきた高柳は安堵の表情を浮かべ、そこに座り込んだ。

「珍しく藪漕ぎ頑張ったな」

「心が折れる寸前だったのですが、午前中だけは頑張ってやろうと心に決めていました」

飴を舐《な》め、三〇分ほどの休憩をした。高柳は一眼レフのカメラを防水バッグから取り出して写真を撮っていた。

しばらく進むとまた沼地に入った。結局こうなるのかと残念に思ったが、先ほどまでの絶望的な沼地ではなく、少し進むと歩きやすい河原になり、また沼地に入るという感じだ。

二時間ほど進むと、魚影の濃い沼地に出た。

まだ午後三時と、これからのことを考えるともう少し進みたいところだが、この天の恵みを見過ごすわけにはいかない。即決でここにテントを張ることに決めた。

気持ち悪い形状をした瑠璃色斑点の虫をエサに、釣りをする。大きなものが四匹ヒット。一番大きいもので三五センチほどもある。二匹はスープに入れて、残り二匹は塩焼きにして食べる。久々の脂とタンパクが腹に染み渡った。

夜はかなり冷え込んだ。日中着ていた沢用のウエアを焚き火で乾かして着て、その上から寝間着用の中綿入りのジャケットを着ていたが、それでも寒くて寝付けなかった。気温が低いこともあるのだが、痩せて体脂肪が減った分、身体の保温力が落ちてきているのだろう。

二八日目。川幅は広いところでは一〇メートル近くになり、両岸には熱帯植物が生い茂り、落差一メートルほどの小さな滝が一〇〇メートルおきに現れるようになる。沢筋にはいくつも倒木が転がっていて、倒木にはみっしりと苔が生えている。苔は職人が作った盆栽のように緻密で、水面に反射した木漏れ日が苔の世界に明暗をつくりだし、それがユラユラと揺れて神秘的な様相を呈していた。

先行していた高柳は、一眼レフカメラを右手に持つと、前を向いて歩きながらファインダーを覗くこともせず、被写体である私を目視することもなく、カメラだけを後ろに向けてシャッターボタンを押した。その後、こちらに振り返ってドヤ顔をしたのち、液晶を確認する。そしてまた目視せずにカメラをこちらに向けて写真を撮る。これを二度ほど繰り返した。

なぜだか無性にイライラする高柳のフォトグラファー気取りのその行動は、幻想的な光景を前にして脳から発せられていた私のアルファ波をピタリと止め、前頭葉を憤怒のアドレナリンで埋め尽くした。自分で選んだパートナーとはいえ、こいつとあと二〇日間も寝食を共にするのかと思うと頭がクラクラした。同時に、ミャンマーから含めるとすでに二カ月も一緒にいることになるので、ところどころでブチ切れていたとはいえ、俺は意外と辛抱強いのかもしれない、とも思った。

歩く。美麗な渓相がずっと続くことはなく、また沼地になったり、流れを取り戻したりを繰り返した。とはいえ、前日に比べればはるかに速いペースで進めた。この調子ならあと四〜五日で黒部にたどり着けるかもしれない。この日はまだ午後三時にもならなかったが、いい広場があったのでテントを張ることにした。

焚き火をして服を乾かし、破れた服の補修をすることにした。私も高柳も、藪漕ぎ対策として三〇〇〇円で購入できるホームセンターの軽量なナイロンパンツを穿いていた。登山用の衣類はやたら高価なものが多いが、これなら藪漕ぎで破れても財布も心も痛まない。高柳のナイロンパンツはもうボロボロになっていて、長ズボンだったのがホットパンツになっていた。私のもものもずいぶん傷んできて、ハーフパンツになっている。特に尻の破れがひどく、破れるたびにテープで補修するので、尻まわりはもう布の面積よりテープの面積のほうが広くなってしまっていた。

一二月三日、数キロ進むと、沢筋はS字の屈曲を繰り返しだした。水の流れはなくなり、沼状になる。沢の中を進み続けるのは無理だと判断して、陸地に上がって藪を漕いだ。沢にかかった倒木の橋を渡り、コンパスを片手に一時間ほど藪に没する。そろそろ沢筋に戻ろうかと思い、水の音のするほうへ向かうと、沢には見覚えのある倒木の橋が……。

リングワンデリングだ。

リングワンデリングというのは、山で吹雪や霧で視界を失った登山者が、ぐるぐると同じ場所を回ってしまう現象のことだ。コンパスを見ながら歩いていたつもりだが、いつの間にか方角がズレはじめ、緩やかな円を描いて同じ場所に戻ってきてしまったのだろう。沢筋がいくらS字に屈曲して歩きにくいからとはいえ、沢を離れて歩くことに危険を感じた。ペースは落ちるが、おとなしくまた沢沿いに、沼ズボしながら進んだ。

水に浸かって進んでいると、すぐに身体が凍えてくる。現在地の標高は六五〇メートル。山では標高が一〇〇メートル上がるごとに〇・六度気温が下がる。麓の村が海抜ゼロメートルなら、そこから比べれば三・九度低いことになる。黒部の下流にあるカンチャナブリの一二月の平均最高気温は摂氏三一・一度だ。これは八〜九月の東京の平均最高気温に当てはまる。気温だけで比べれば真夏に東京近郊の里山で沢登りをしているようなもので、そこまで寒がる必要はないはずだ。だが、この沢では気温以上に寒さを感じた。

空は密林に覆われていて、日の光はほとんど射し込まないし、いつも膝下まで水に浸かっている。おまけに空気も湿っていて、私たちの体温を余計に奪っている気がする。三〇分も歩くと手足が痺れてきて、一時間弱歩いたところで、日が射している場所を見つけて一五分ほど休憩し、体温が上がるのを待つ必要があった。

私は身体を温めるために、ラジオ体操をして動いた。腹が減っているので無駄なエネルギーを使いたくはなかったが、その場の寒さに抗するほうが先決だ。昔、カラコルムの氷壁で雪崩に打たれて凍えていたとき、男同士で抱き合って摩《さす》り合うという方法をとったことがあるが、今、高柳とそれをやろうとまでは思わない。考えようによっては、寒いといっても、まだまだ余裕があるのだ。

夕方、高柳がキウイのような果物を拾ってきた。木の実には嫌な思い出があるが、高柳は先に食べていることだし、ひとつもらって齧ってみると、たしかにキウイの味がした。久々の柑橘系の味に二人とも笑みがこぼれる。二人していくつか拾ってジュースにすることにした。すりつぶしてお茶と一緒に沸かして飲んだ。ちょっと味が薄いが、ホットレモンのようで和んだ。

一二月四日。三日前を最後に魚が釣れないでいた。魚影も小さなものしか見られなくなった。ところどころにハンターのキャンプ跡があったのでおそらく大きな魚は捕り尽くされてしまったのだろう。二人ともずいぶんと痩せていた。

夕飯の米は、二人分を一緒に炊き、炊き上がったものを半分に分けていた。分ける当番は決まっておらず、一人がご飯を分け始めると、もう一人がスープを分けるといった具合だ。気になることがあった。高柳がご飯を分けると、たまに自分の分を増やしている。気のせいとかではなく、結構露骨に、自分の分を増やすことがあった。

焚き火缶にはU字の取っ手が付いているので、取っ手の金具が中心を示す目印になる。私が分けるときは取っ手を目印にスプーンで半分に線を引き、それを二つに分けていた。高柳は時折、それを無視して適当に線を引き、露骨に自分の量を多くするのだ。さらにダメ押しで「ちょっと入れすぎたかな」と言って、自分の皿から米をすくって私の皿に戻し、「ちょっとやりすぎたか」と言って、また自分の皿に米を戻す。そういう公平を装う演技をするのだ。

飯が多い少ないということ以上に、そういう高柳の姑息な精神が私のストレスになっていた。私は飢えを感じるほどに弱ってはいなかったが、長いジャングルの共同生活でイライラしやすくなっていた。一週間から二週間ぐらいの共同生活なら問題ないだろうが、入渓して三〇日、ミャンマーから数えると七〇日近く高柳と一緒に過ごしている。

高柳の寝転がりながら飯を食う癖、爪を噛む癖、奥歯をカチカチ鳴らす癖……、高柳の一挙手一投足が不快になっていた。

食事の分配はまだしも、飯の食い方など高柳の勝手だ。爪を齧ろうが何しようが勝手のはずだ。そうやって自分を説得しようと努めるのだが、駄目なのだ。どうしてもムカつくのだ。

小さな行き違いをきっかけにぎくしゃくしだした恋人同士や夫婦のように、普段なら気にならないようなことから軋轢《あつれき》が生じ、それは次第に大きくなっていく。

それでも、お互いに本音で言い合えない空気があった。

高柳にしてみると目上の存在である私に言いたいことを言いづらく、私も高柳がやる気を失ってついて来なくなるのではないかと、口をつぐみがちになっていた。高柳は、岩峰を登り終えたあたりから、黒部の先にあるゴルジュに行きたくないと、ほのめかしだしていた。ルートの変更・短縮を望むような話をしだしていた。

確かに高柳の言う通り、当初予定していたペースより遅れている。想定をはるかに上回る密集した藪、沼、蛇行した沢筋……。

このまま当初の横断計画をやろうとすれば、おそらく下山は五一〜五二日目ぐらいになる。食料は四〇日目以降、一日分を半分にして、引き延ばせばなんとかなるが、高柳のモチベーシヨンや体力はそういかないだろう。

黒部横断を諦めることが、選択肢として私の胸にも浮かび上がった。高柳がこれ以上ふてくされて、この先の行程がさらに短縮されてしまうことを私は懸念していた。高柳を叱りつけ、ごり押しをして計画を推し進めることもできただろうが、やる気のない彼を引きずって行動することを想像すると、私もいささか萎《な》えてしまっていた。軋轢のある状態で無理な計画を進めれば致命的なことが起こるかもしれない。

なにより、力で強引に押さえつければ高柳は委縮してしまい、焚き火をしながら小学生クラスの原始的な会話を楽しむということもできなくなるだろう。高柳のいいところ、可愛い部分も全部殺して目的を達成したとしても、それが本当にやりたいことなのだろうか。

そう思うと、私は高柳が以前話していた別ルート、黒部横断に代わる代案を受け入れても良い気がしてきた。その代案とは、黒部川を竹の筏《いかだ》を作って下流はるか先のダムを目指して下るものだ。発想として、それは確かに面白かったし、旅を楽しむ方向にシフトするのなら、代案として十分に納得できる。よし、そうだな、横断は諦めて筏でエンジョイにするか。

そうと決まれば、気持ちを切り替え、高柳と仲良く残りの旅をしようではないか。高柳がご飯をちょっと多めに取ることぐらいは許してやろうと思い直した。私はリーダーとして、心のでかい男になるよう努めるべきなのだ。飯を多めに食うことで少しでも高柳が動けるならいいではないか。実際に高柳はかなり痩せ細ってきていた。私も痩せてきてはいたが、遠征前に体重を増やしていたので体力的にはまだ余裕があった。チームとしては高柳に多く食べてもらい、回復してもらったほうが合理的だ。

ご飯を分配し終えると、ふりかけ用の豚塩粉末を各自が一つまみだけ取って自分の皿に入れるのを食事のルールとしていた。

豚塩の粉末は五〇〇グラム持ってきていて、それと別に鶏塩も五〇〇グラム用意していた。どちらも最後まで余ると思っていたのだが、スープやふりかけに使ってずいぶん減ってきていて、残り二〇〇グラムずつといったところだ。そろそろ節約しないと最後に苦しくなるかもしれない。

私が一つまみ入れる、高柳も一つまみ入れる。飯を食う。スープを飲む。高柳はそしらぬ顔で二つまみ目を入れた。

「お前、ほんと抑制が利かねぇな！」

思わず怒鳴った。私が心の内でご飯のことで我慢しようと決めたあとすぐ、高柳は次なる一手を打ってきたのだ。なんたる男だ。もうわざと私を怒らせにかかっているのかとさえ思えてきた。

「い、いや、これは一杯目がすごく少なくて、最初から二回で一回分の量だったんです」

「もういいよ、そういう言い訳は。豚塩の粉末も少なくなってきたし、これからは各自で分けるのをやめようぜ。今は高柳くんのことを注意したけど、俺の一つまみと高柳くんの一つまみでは量が違うかもしれないからな。ひょっとしたら俺のほうがふりかけを多く取っていた可能性もある。これからはどちらか一方が公平に半分ずつふりかけを分けることにしよう」

翌朝、昨日の話通りに朝食の豚塩を分けることにした。

「高柳くんのいつもの量で、俺に豚塩ふりかけちょうだい」

どうせ高柳はわざと少ない量で豚塩を分け、「僕は今までこんなに節約してきた」というアピールをするに違いない。だから少ない量であっても何も言わずに受け入れ、数日後に高柳が味気のないご飯に音を上げ、「やっぱりもう少し豚塩増やしませんか？」と言いだすのを待つ作戦を考えた。そのときに、嫌味のひとつでも言ってやろうと思ったのだ。

「こんなもんですね」

高柳はスプーンの先端に直径二ミリ、厚さ〇・三ミリぐらいの量の豚塩ふりかけをのせていた。頑張れば粒の数を数えられるんじゃないかという圧倒的な少量。そしてそのわずかなふりかけを、私の皿に振りかけた。

「えっ」

「僕はいつもこんだけの量ですよ。これだけでも味がしみ込んでご飯一杯いけますよ」

一呼吸おき、二呼吸おき、苦笑いをした。私の想定をはるかに超える少ない量を提示した高柳に、もう笑うしかなかった。このふりかけの量を一合のご飯に入れて味が分かるというなら、高柳は極めて優れた天才的な味覚の持ち主ということになる。高柳が提示したふりかけの量を続ければ、ふりかけは残り二〇日どころか二〇〇〇日はもつだろう。ここまでくると、「お前、昨日の晩はその二〇〇倍はかけてたぞ」という突っ込みを入れる気にさえなれず、たかが豚塩の量で嫌味を言おうなんて、俺も意地悪だったなぁと、反省までしてしまった。

「もういいよ。ごめん、俺もうちょっと豚塩欲しいわ」

三四日目。便通はいいほうなのだが、もう五日はうんこをしていなかった。腹が張るとかそういう症状はないのだが、出ないとなんとなく気持ち的にすっきりしない。高柳に聞くと、高柳ももう一週間以上はご無沙汰で出る気配すらないという。食べる量が少なく、身体の栄養吸収率がぐっと上がったのだろう。

身体の変化は、腹まわりの肉が綺麗になくなったことと、太ももがずいぶんと細くなったことだ。毎日、荷を担いで歩いているが、歩行運動は負荷が少なく足の筋肉を酷使するというほどではない。だから身体が生きるうえで必要ないと判断した足の筋肉は、エネルギーへと変化していっているのだろう。食料が減り、荷物はずいぶん軽くなってきたが、小さな段差や岩を乗り越えるときに、自分が消耗しているのを体感できた。

しばらく下っていると、沢筋が二つに分かれた。片側は今まで通り水が流れていて、滝をつくっている。もう片側は水流の跡はあるが、水は一切見当たらない。伏流しているのか、水が少なくて涸《か》れているだけなのかは判断がつかなかった。原則として沢というのは上流に向かうにつれて枝分かれし、下流に向かえば一本に収束されていく。山を構成する谷と尾根の地形の変化は水の浸食によって生まれるものなので、水が重力に逆らって上りでもしない限り、下流に向かって沢が二つに分かれるということはない。ただ、山と違い、平原の川では本流から水流が分かれる分流ということが起こる。私は、この沢が二つに分かれる現象を次のように推測した。

沢筋は左右の尾根に挟まれた状態で一〇〇メートル幅の平地をつくっている。雨期には今の何倍もの水量があって、涸れているほうの沢にも水が流れているはずだ。分流したのではなく、間に大きな中洲地形ができ、分流したように見えているだけだ。だから歩きやすい涸れ沢のほうを下っていけば、そのうちまた合流するだろう。そう思い、涸れ沢側を歩いた。

歩くこと二時間、一向に水が流れている沢と合流しなかった。緩やかだった地形はいつの間にか終わり、右の尾根は一〇〇メートル以上の高低差で大きく立ち上がってきた。左にある中洲だと判断していた場所は、高さ五〇メートルぐらいの尾根に変わっていた。

立ち止まって地形図を何度も見直すが、こんなことはあり得ない。水が得られないので高柳は軽い脱水症になってきていた。水があるところまで戻ろうかとも思ったが、これから最後に水流を見た場所まで戻るには少し歩きすぎていた。常識的に考えて山地で沢が分流するなどあり得ない、もう少しすれば水の流れている沢と合流するはずだ。そう信じ、そこからさらに四〇分歩いた。

思いは虚《むな》しく、沢は涸れたままで水が流れている沢と一向に合流する気配はなかった。時刻は夕方四時を過ぎていて、このまま水流が現れなければ水なしで泊まることになる。左側にある尾根は一向に低くなる気配を見せなかった。山の中にこれだけ大きな中洲ができることなどあるだろうか。何か致命的な見落としをしているのではないか。頭の中にさまざまな不安が広がった。地震や土石流などで地形が大幅に変更されて、沢が違う方向に分かれて流れているのかもしれない。この涸れ沢は、水が流れていたほうの沢とはまったく別の方角に進んでいるのかもしれない。また立ち止まって地図を見てコンパスを合わせるが、何度考えてもそのようなことはあり得ない。私も高柳も水を欲していた。これから水流のあったところまで戻っていては、日が暮れてしまうだろう。左の尾根が大きな中洲だという推測を信じて、尾根を乗り越えて水流のある沢に行くことにした。

急な竹藪の斜面から尾根の上に向かって登っていく。するとポツポツと雨が降りだし、それは次第に強いスコールに変わった。竹藪の傾斜は想像以上に急で、雨で足元がぬかるんでいっそう登りにくくなっていた。貧弱な木の根や竹を摑んで慎重に登っていく。二〇分は登り続けた。おかしい、下から見ていたときはすぐに越えられると思っていた尾根なのに、一向に尾根上に上がれない。

「あと一〇分登って駄目なら、下りて下でビバークしよう。このスコールで水たまりができるはずだ。一泊分の水なら汲めるはず。明日は水のあったところまで戻ろう」

そう言って、しばらく登っていくと、しだいに雨脚は弱くなり、傾斜の緩い台地にたどり着いた。一五〇メートルは登ってきていたので、視界は広く、下流の景色が見えた。

景色と地形図を合わせ、睨む。そうか、そういうことか。下流数キロ先に見える尾根はおそらく黒部川左岸の尾根。たぶん、いや、やはりというべきか、私たちが下っていた涸れ沢は正しかったのだ。今、私たちが登ってきた斜面は中洲の山ではなく沢の左岸の尾根だ。沢は分流していたのではなく、伏流していたのだ。

最初に涸れ沢と水流を分ける中洲状の地形があったことで分流したと勘違いし、さらにあれだけ膨大に流れていた水がとたんに消えたことで、分流の思い込みに拍車をかけたのだ。

原因が分かれば、あとは沢床に下りるだけだ。途中、折れた竹に溜まった水で水分を補給し、沢床まで下りる。

思った通り、ポットホールには水溜まりができていて、そこから水を汲んだ。濡れた薪しかなく、満足な焚き火はできなかったが、安心した一晩を過ごす。

　山で自分がいる場所が分からなくなると、少なからず恐怖を感じる。自分が進むべき明確な道が失われることで、旅として認識していたものが突如として不確定な冒険的行為へと変わるからだ。伏流が始まった地点以降の行動は、私の想定の範囲から完全に外れたものだった。こういうことが起こるからこそ、自然の内院に入りその凄さを体験したいと思うのだろう。

　一二月八日、水溜まりから濁った水を各自一リットル汲んで歩きだした。前日、歩き過ぎたせいで足の皮はベロベロにめくれて赤くなっていた。このころになるとどうしたら自分の身体に不調が出るのかも、その対策も分かっていた。濡れた沢タビを履いて六時間以上歩き続けると、足の皮が悲鳴を上げる可能性が高い。四時間程度ならひどくはならない。高柳が持ってきた軟膏が非常に強力だったので、それを塗って足を乾燥させるように心がけ、濡れた沢タビを乾かし翌日の行動を少なめにする。そうすると、一～二日で真っ赤になって剝けていた皮も嘘のように治るのだ。

　ここから先もまだしばらく涸れ沢が続く雰囲気だったので、サンダルと寝巻用の乾いた服で行動した。涸れ床は苔でヌルヌルしていて、サンダルではところどころで尻もちをついた。それでもこのベロベロにめくれた足で沢タビを履くよりましだ。

　しばらく歩くと谷は狭まって、ゴルジュの地形になってきた。側壁の高さが五〇メートルほど、川幅は一五メートルといったところだ。川底にはまだ水は流れていない。ゴルジュに入っていくと、まず二五メートルの涸れ滝が現れた。クライミングで下りるには傾斜が急で、ロープとハーネスを出して懸垂下降をしようと迷ったが、めんどうくさいので荷物を滝下にぶん投げ、身軽な状態になり、クライミングで下りる。

次に現れた五メートルの涸れ滝は、傾斜が緩かったので滑り台のようにして下りていく。次に出てきた二〇メートルの涸れ滝は、滝そばの木や草を鷲掴《わしづか》みしながら下りた。ゴルジュ地形は終わり、両岸がパッと開ける。

ザックを下ろして休んでいると、下りてきた二五メートルの涸れ滝の滝壺に、三メートルぐらいの洞窟があることに気が付いた。そこから水の音がしている。ひょっとして、と思った。ヘッドライトをつけて二人で洞窟を覗きに行く。入り口から水平に六メートルぐらい進んだところに、水が轟々と流れていた。突如として消えた水流は全てこの地下を流れていたのだ。

「地球、凄いですね」

高柳がそう言った。写真を撮り、地下水を手ですくって、飲んだ。延々と続く沼や棘の藪漕ぎでいい思い出がなかったこの沢だったが、最後に凄いご褒美をくれた。

「ちょっと早いけど、この地下水でマッシュポテト食いましょう」

これまで味付け用の塩、コショウは後半のために少なめにしていたが、今回は多めにかけ、味を楽しんだ。そこから二〇分も歩くと地表に水流が現れだした。みるみる水は増えていき、三〇メートルの川幅いっぱいに水が溢れ返る。

「これだけの水量がまるごと地下に消えていたとは」

沢を下りていくと、滝が連続しはじめる。石灰岩が溶け込んだ乳白色の滝が、三〇メートルの川幅いっぱいに広がり、五メートルの落差で流れ落ちる。釜の直径は四〇メートルを超え、神秘的な世界を演出している。そんな光景がその先もずっと続いている。横目で景色に見とれながら、急な竹の斜面を歩いて進んだ。

前方から轟々と水音が聞こえだす。それは次第に大きくなり、繁みの間に白波が見えた。

「黒部だ」

3　黒部

三四日目にしてついにたどり着いた黒部川。

川幅最大七〇メートル、水は薄墨色で流れはほとんどなく、その大きさから淵というよりは自然湖のような姿をしていた。少し下流に行くと川幅は三〇メートルにまで急激にしぼむ。水流は急速に速くなり、白濁し、暴れる。その豪快な渓相は一五〇メートル先まで続き、また静かな淵へと姿を変えていく。そこからさらに二〇〇メートルほど下流に行くと、水流は両岸を高さ一〇〇メートル以上の岩壁に覆われた巨大な「門」状の地形に吸い込まれていった。

門の先がどうなっているかは泳いで中に入らないと分からない。だが、泳ぐのには大きなリスクがある。すぐ上流の白濁した瀑流帯は、生身の人間が流れて生還できる代物ではない。門の先に滝や落ち込み、急な白瀬が存在する可能性は高い。それに飲み込まれたら人間の肉体では耐えられないのは明白だ。それでも泳いで行こうと思ったのは、手前から見える範囲はトロ場なので、急流に差し掛かる前に陸に上がれば問題ないと考えたからだ。仮に泳がずに陸地を進もうとすれば、両岸の岩壁帯を苦しい藪漕ぎや登攀で、門を越えるのに丸一日以上かかってしまうだろう。

私も高柳も、お互い、相手がプカって門に入る姿を自分のカメラのほうに収めたいと思っていた。ジャンケンをした。私は勝ち、高柳が先にザックを浮かべて川に入った。私はプカる高柳を数枚写真に収めると、高柳に二分ほど遅れて入水した。流れは緩やかに見えたが力強く、平泳ぎで足を動かすが、泳力が足らず、なかなか流れに乗れない。水流は下流に一直線に向かうだけではなく、川岸から突き出た岩壁にぶつかり、巻き返しの流れも作っていた。この巻き返しの流れに乗ってしまうと、同じ場所をグルグルと永遠に回り続けてしまう。そうならないために、必死で足をバタつかせた。

私は「やばいな」と思った。日本や台湾の沢と比べ、この川の水量はあまりにも多く、見た目に緩やかな流れに見えてもその流れは力強く、人間がバタ足したぐらいでは容易には逆らえないのだ。かつて経験したことのない水の重さだった。カヤックやカヌーの世界では水の力学に関して科学的な検証が行われ、それなりのタクティクスがあるのだろうが、私はそれを持ち合わせていない。ただ本能で、この先ずっと流れるのはまずいと思った。

高柳は一〇〇メートルほど先に進んでいた。私は不安を感じながらも、下流へ向かう流れにうまく乗ることに成功すると、ザックの上に覆いかぶさるように身体を乗せ、カメラを出して先を行く高柳を撮った。しばらくすると高柳は陸に向かって少しバタ足をして、岩と岩の間にある砂浜に上陸した。高柳はカメラを防水バッグから取り出すと、こちらに向け写真を撮っていた。私はその姿を見て、写真を撮るために陸に上がったのだと思い、そのまま流れに身を任せていたのだが、流れはある地点から急速に速くなっていった。高柳が立っている場所の二〇メートル手前で、自分が危機的状況に置かれているのに気がついた。手前からでは岩陰になって見えなかったが、前方三〇メートルに急な落ち込みが見えたのだ。落ち込みは、三〇メートルあった川幅を八メートルにまで急激にしぼめ、膨大な水を一点に集め、轟音を上げている。

高柳はニヤけた顔でこちらに向けてカメラを構えていた。

高柳は「そこからガンバって泳げ」と、言った。必死で高柳のほうに泳いだが、すでに落ち込みに吸い込まれる流れに乗ってしまっていて、人間の泳力ではどうにもならなかった。「無理だ」。これは死ぬかもしれない、そう思った。

落ち込みまで一五メートル、私は覚悟を決めた。無駄にあがくのを止め、生き残るために流れをよく見た。溺死も怖いが、落ち込みの先に見える岩に頭をぶつけないようにしなければならない。少しでも岩との激突を避ける流れに入り、ザックを胸に抱え、足を前にして衝撃に備えた。白濁した落ち込みに身体が吸い込まれる。衝撃が走り、濁流で一回転し、ザックが跳ね上がったのが見えた。唯一の浮力体であるザックを離せば溺死する。ザックのベルトを強く握り閉めた。落ち込みの下でもの凄い水圧に全身を押され、一秒くらい水中に沈められ、浮き上がった。まだ生きている。

前を見ると落ち込みはあと二段あった。五〜六メートル先に次の大きな落ち込みがあって、その先の落ち込みには白濁した流れの中にいくつもの巨岩が見えた。右にある岩を蹴って、なるべく巨岩がないほうの流れに乗り、体勢を立て直してまた足先から落ちる。白濁した瀑流に飲まれ、身体はきりもみ状態になり呼吸はできない。そのまま次の落ち込みまで流され、岩に背中からぶつかり岩の上に押し上げられると、次に来た波に押し流されて身体が反転し、滝壺に飲み込まれた。強烈な水圧に全身を押され、身体は水中に押し込まれた。岩に打ち付けられたときの衝撃と、呼吸ができないことで思考が鈍り、このまま失神してしまいたくなったが、まだ手はザックの肩ベルトを握りしめていた。ザックはその浮力によって流芯の外にはじかれ、私の身体もそれに引きずられて流芯の外に浮かび上がった。水流に体温を奪われ、手足の感覚は薄れ、沈まないようにザックにしがみ付くのが精いっぱいだった。陸地はすぐ目の前にあったが、巻き返しの流れの中に入ってしまっていて、流れに逆らって上陸することはできない。上陸を諦め、川の中腹へ向かう流れのほうに乗った。全身が脱力していて、水を飲んだことと溺死への恐怖感で嗚咽《おえつ》が漏れた。そのまま一〇〇メートルほど流されるが、力が入らず何度も沈みかけてはザックにしがみついた。

斜め前方に岩島が見えた。あそこに這い上がれなければこのまま何百メートルと流され続けるだろう。もう岸まで泳ぐ力もなければ、ザックにしがみつき続ける力も残されていない。最後の力を振り絞り、岩島に向かって泳いだ。岩の突起を摑み、渾身の力をこめて岩棚に這い上がる。ザックを岩棚に引き上げると、そのままその場にへたり込んだ。心臓がバクバクと音をたて、全身はガタガタと震え、気分が悪く、吐き気もした。冷え切った身体は呼吸をするのですら大きな労力が必要で、身体が生命の維持をするのに精いっぱいという状態だった。岩に打ち付けた背中は、打撲箇所に氷でも押し付けたような感覚になっていて、身体の感覚が鈍っているのが分かった。

岩島の上で高柳が現れるのを待っていたが、なかなか来なかった。さっき高柳が立っていた場所から落ち込みの下までは、河原沿いに簡単に歩いて来られるようにしか見えないが、なかなか来ない。寒さに震えると同時に、怒りに震えていた。なぜ、高柳は呑気にカメラを構えていたのか。先の危険を分かっていたのなら、その時点で声をかけて岸に上がるように言えば、この事故は防げたはずだ。それが、先頭を行く者の絶対に曲げてはいけないルールだ。

岩島の上で怒りに震えながら対岸を睨みつけていると高柳が現れた。ザックを背負っていて、カメラを防水バッグに入れた状態で首から下げている。防水バッグにカメラを仕舞うのに二分はかかる。彼は私が瀑流帯に呑まれるのを見送った後、律儀にカメラを仕舞ってからのんびりと歩いて来たのだ。

「どうでしたー？」と、対岸から笑みを含んだ声をかけてきた。殺してやろうと思った。

高柳と合流するためには、渡渉できそうな場所まで歩く必要があった。私は体温の上昇を待ち、高柳がいるほうとは反対の岸まで泳いだ。高柳は川の右岸を、私は川の左岸をそれぞれ歩いた。川幅が広く流れも強いので、渡渉ができないのだ。その合流までに、しばらく時間があいたということが二人にとって幸運だった。カンカンに火照っていた私の頭がいくらか鎮まる時間ができたのだ。もし、事故直後に高柳が目の前にいたら、その場の感情に任せて流木を拾って高柳の頭にフルスイングし、倒れた高柳を蹴り飛ばし、胸倉を摑んで立ち上がらせ、柔道の肩車の要領で担ぎあげて水流に放り投げていたに違いない。本当にそうしていたと思う。

渡渉には比較的流れの緩い場所を選んだ。私は川の中洲にいた。高柳にハンマー投げでここまでロープを渡すように指示した。高柳は五〜六回ハンマーを投げ、最後は二〇メートル級のハンマー投げを成功させた。ロープを頼りに、こちら側まで高柳を渡渉させた。

さすがの高柳も殺気だつ私のことには気付いていた。「宮城さんなら大丈夫なのかと思いました」「川のことをよく知らないので」と、言い訳を始めた。誰がどう見ても暴走トラックにはね飛ばされたぐらいの衝撃的な光景だったと思うのだが、高柳はそういうのをなんとも思わないらしい。私が激流に呑み込まれる手前で、呑気にカメラを構えていた高柳は、今まで事あるごとに僕を叱ってきた宮城が苦しい目に遭うことを期待して見ていたのだろう。

とはいえ、今回の事故の原因は高柳のことを含めて全て私の判断ミスなのだ。高柳がこういうヌけた人間だということは分かっていたし、過去の登山経験で、幾つも死線に立つような登攀を経験していながら、私は自然を侮《あなど》っていた。これまで重荷に喘ぎ、腹を減らし、身体を痩せ衰えさせ、寒さに震え、藪に全身を切り刻まれながら進んできたとはいえ、過去に体験してきた死に極めて近い冒険的登攀に比べると、この旅には、焚き火と小学生並みのプリミティブな会話が中心を占める牧歌的な旅という認識しか抱けていなかった。

先の不安を覚悟していたのは、入渓してからせいぜい一週間程度だった。街の生活から比べれば非日常であったこの旅も、日数を重ねコツを摑み、日々のルーティンが確立されはじめると、私の中で非日常だったものは日常に変わっていった。大自然のど真ん中で生身という極めて無防備な状態で存在しているにもかかわらず、自然の驚異に対する恐れがどんどんと薄れていき、覚悟というものが失われていった。油断していたのだ。

何パーセントかの確率で起こり得る死、それを覚悟して挑んだ登攀には、たとえ死線にどれだけ近づいたとしてもほどよい高揚感がある。自分の能力では足りず、想像を上回る自然の驚異によって生命が危険にさらされ、結果死んだとしても、事前に覚悟があればその責任を自分のものとすることができる。それが間違った行為ではないという信念があるから、どんな過酷な状況でも冷静に受け止められる。だが、今回のように何の覚悟もなく、突然自然の驚異にさらされて命を天に委ねなければならないといった状況は、小さい子供が頭を撫でようとした犬に嚙みつかれ、吠えられ、痛みと恐怖に支配されて抵抗することもかなわず泣き叫ぶようなものので、これほど恐ろしいものはない。子供がそれで犬に対してトラウマを一生抱えるように、私も流されていたときを思い出すと気分が悪くなり、負の感情の渦が全身を貫く。私は自然の恐ろしさを分かったような気になっていて、過去の経験を何も活かせていなかったのだ。

そう、もともともっていた研ぎ澄まされた感覚を、私は忘れてきてしまっていた。

（第七章へつづく）

第六章　二つの日本一への挑戦

1　称名滝　冬期初登攀

国内の冬期登攀において、主だった大岩壁・氷壁・氷瀑はほぼ登り尽くされている。だが、残っている超大物があった。落差日本一の滝、称名滝（全四段三五〇メートル）である。

登山の盛んな日本において、なぜこの滝の冬期登攀が二〇一〇年代まで残っていたかといえば、危険度や技術的困難さもさることながら、低標高にあって結氷も甘く、アルパインクライマーたちにとってクライミングの対象としてすら認識されなかったことが大きいだろう。

称名滝の登攀は、一番登りやすい秋の渇水期ですら、瀑風と瀑水で低体温症に陥るような過酷なものである。そんな無雪期の称名滝ですら、最も難しい最下段の登攀を成功させた者は私を含めてまだ数パーティーしかいない。

冬、下からでは見えない称名滝の二段目と三段目の空間は、雪崩と滝の瀑風に囲まれた極めて危険な閉鎖空間になっているだろう。氷結しない垂直の滝を真冬に瀑水を浴びながら登り、場合によっては泳ぐ可能性すらある。生身の人間が近づいていい場所ではないかもしれない。だからこそ、冬の称名滝という隔絶された空間で、人類の挑戦が通用するのか確かめる必要があった。私はそれを初めて行う男になりたかった。

二〇一一年、冬期称名滝挑戦の半年前、私はパートナーとなる佐藤裕介と、呑んでいた。場所は著作『俺は沢ヤだ！』でおなじみの、日本一有名な沢ヤ、沢を愛し沢に生きる男、地域探検家・成瀬陽一の家だ。成瀬は自身の著書に書いてあるように、山奥の中にある自然に囲まれた昔ながらの山小屋のような古民家に住んで、は、おらず、閑静な住宅街にある小ぎれいなオール電化の家に引っ越していた。

次のGWに、野良犬・青島隊長のもと、成瀬、佐藤、宮城の四人で、ハワイにあるハードゴルジュを突破する計画を立てていて、その打ち合わせと称して成瀬の家で呑んだくれていたのだ。そのとき、佐藤の持ってきたノートPCのデスクトップにあるひとつのフォルダに目がいった。「冬・称名」と書いてある。

まさかと思い、佐藤に聞いた。佐藤は「バレたか」とニヤリと笑った。

私は驚いた。私以外にも冬の称名滝の登攀の可能性を考えていた男がいたのだ。それもこんな身近に。私は一瞬うろたえながらも、佐藤に称名滝の冬期登攀の可能性について切り出した。佐藤の目の色が変わった。

「何年前から考えていた？　俺は五年以上この冬の称名滝を見続けて、挑戦の機会をうかがい続けてきたんだ」

佐藤が続けた。

「毎年、冬が来るとこの称名という怪物に怯《おび》えてきた。そして毎冬、天候や状態に恵まれずトライできないことに安堵してきた。やれない理由ができたことに喜ぶ、そんな自分に憤りを感じていた。よし、ナメちゃん、来年一緒にやるぞ！」

称名滝は冬でも立山の膨大な水流を落とし続けている。本流の結氷はあり得ず、登攀する場所は側壁になる。全四段の段瀑である称名滝は、特に最下段の傾斜がきつく、渇水期の秋の登攀でさえ、近年まで誰も登ることができないでいた。最下段が初登攀されたのは二〇〇二年、今回のパートナーである佐藤によるものだ。

冬期の称名滝の側壁に氷は張らない。凍っていさえすれば、垂直の氷だろうがオーバーハングの氷だろうが、力量のあるアルパインクライマーなら登れる。だが称名は凍らない。あるのはただ触れれば崩れるような脆弱な雪の壁。三五〇メートルの垂直の壁に多量の湿雪が張り付いているだけの極めて不安定な代物。触れれば割れるガラスの壁。

佐藤に聞けば、真っ白に染まっていた壁が、晴れの日をまたいで二日後に真っ黒になっていたこともあるという。すこしでも晴れれば、称名の脆弱な雪壁は一瞬で全崩壊するということだ。

おまけに周辺の地形は雪崩を誘発しやすく、降雪があればあたり一面が雪崩の巣になる。北陸特有の悪天候を考えれば、チャンスは数年に一度、あるかないかだ。私たちはチャンスを待った……。


二〇一三年一月の第二週、佐藤から電話があった。

「この週末、かなりの好条件が整っているぞ。称名滝をやるのは今週しかない」

お互いの不安をかき消すように、毎晩、電話で打ち合わせをした。佐藤は本気とも冗談ともつかぬ口調で、

「今回ばかりは本当にヤバいから、両親とかに挨拶しとけよ」

と、話した。

前年に冬の称名滝の下見に行っていた佐藤は、滝の二段目と三段目の間にある河原を横切らなければならないことを想定していた。衣類が濡れることは死に直結するので、河原を渡るには氷水の中を全裸で渡渉することになる。河原といってもその水量はすさまじく、流されれば二三〇メートルの落差から滝壺へと放り出される。仮にうまく川を渡れても、濡れた身体で滝の凄まじい瀑風を受けながらの登攀が待っている。

秋期の称名滝の登攀を思い出した。滝の瀑風の凄まじさに、高価なレインウエアとウェットスーツを着ていても、低体温症に陥ってしまった。真冬にあの瀑風と瀑水を浴びることを、人間の身体で耐えられるとは思えなかった。

「命懸け」。多用され、使い古され、今では本来の意味の重みがない言葉。が、今回ばかりは本当に命懸け。それも相当に分が悪い。

二〇一三年一月一二日、ついに称名滝を登攀するときがきた。夜半から、立山駅から続く長い林道をスノーシューで歩く。

ゴゴッ、鈍い音が谷に響く。思わず身体を前のめりにさせた。林道の対岸にある岩壁から巨大な氷塊が崩れたのだ。佐藤と顔を見合わせる。アプローチの段階から心臓に悪い。夏は観光客で溢れる平和な林道でも、冬では地獄の一丁目。ここですら生命の保証はないのだ。

ちょうど夜が明けるころ、滝の眼前にたどり着いた。初めて見る白く染まった称名滝は、ただただ綺麗だった。

「今日は俺たち沢ヤの力を見せつけてやる！」

佐藤が叫んだ。今日の私たちはアルパインクライマーとしてではなく、沢ヤとしてここに立っている。厳冬期の称名滝を登るという行為は、アルパインクライミングでもウインタークライミングでもない。冬期沢登りなのだ。

事前の偵察で、佐藤は右壁からの登攀を考えていた。称名滝の横にはハンノキ滝という雪解け時期にだけ水を落とす滝がある。称名滝と滝壺を共有していて、落差では称名滝を凌ぐが、渇水期には少量の水しか落とさないために正式には滝と見なされていない。

事前に佐藤はそのハンノキ滝を利用した登攀ラインを考えていた。称名滝の最下段は、冬はとても登れるシロモノではないからだ。まずはハンノキ滝の最下段の氷壁を登り、そこから称名滝に向かって、垂直に見える壁を登攀して称名滝三段目の落ち口へと向かう。そして称名滝中腹の河原を全裸になって渡り、上部二段を登攀する。

冬ならではの画期的な登攀ラインであったが、現物を目の前にすると、未熟な私の目には死に神が手招きしているようにしか見えなかった。

ハンノキ滝の最下段はまったく氷結しておらず、オーバーハングした壁に今にも落ちてきそうなツララの集合体がかかっているだけだ。よしんばそれを登れたとしても、そこから称名滝までは夏でも登れないテカテカの岩の上に、薄い雪が張り付いているだけだった。佐藤もあらためて実物を見て、口をあんぐりとあけていた。

「ねぇ、これ、不可能じゃね？」

「……無理だな」

佐藤ならあの水ツララを登ろうとか言い出すのではないかと思ったが、さすがにあきらめてくれた。少し後ろ指をさされているような気になりながらも、最下段は左の樹林帯から巻いて登ることにした。アイゼンを装着し、ロープを付けて樹林の急傾斜を登っていく。

最下段の落ち口から左にある雪崩の危険性のなさそうな岩陰を見つけ、整地した。畳一畳半といったところだが、テントを張るには十分なスペースだ。いらない荷物をテントに置き、三段目のルート工作に取り掛かった。

まずはテントから最下段の落ち口を目指し、垂直の雪壁をトラバースしていく。難しさはないが、雪が不安定で緊張した。

最下段の落ち口に着き、三段目を見上げた。秋、巨大な水龍が幾匹も暴れているかのような称名滝の迫力がなかった。水量が少ないのだ。滝壺は雪崩によってできた強大な雪のブロックに埋められ、それが防波堤となって瀑風も飛沫も飛んでこない。追いついてきた佐藤も滝を見上げ、声をあげた。

「水が少ない、いつもの称名のプレッシャーがない、いけるぞ」

水が少ないとはいえ、直上して登れば、水流をかぶりながらクライミングをすることになる。いきなりそんなリスクは冒せない。水流のない左の壁から登ることにした。私がトップでもろい垂壁をワンピッチ登る。次は佐藤が不安定な泥壁を登っていき、三段目の落ち口までロープを伸ばしていった。上部二段の様子をうかがって下りてきた佐藤は、「たぶんいける」と、ニヤリ。

もう夜になるので上部二段の登攀は翌日にする。懸垂下降でテントに戻った。瀑水と生死を懸けたやりとりを想定していただけに、この水量の少なさを見て登攀の成功を確信し、二人とも登ったような気になって浮かれた。

しかし、称名はそんなに甘いものではない。浮わついた私たちに喝を食らわすように、谷に轟音が鳴り響いた。雪崩だ。小雪が舞っていたとはいえ、あの程度の雪であんな大きな雪崩が起きるとは。本格的に雪が降りだしたら、いったいこの場所はどうなるのだろうか……。

翌日、前日残してきたロープをたどって登り返し、上から二段目の滝の下にたどり着く。二段目と三段目の間の河原は、岩壁に閉ざされた閉鎖空間で、秋は台風並みの凄まじい瀑風と飛沫が渦を巻いていて、水流の真横を登る三段目の登攀は、秋でさえ幾人もの登攀者を低体温症に陥れていた。

しかし今、私たちの目の前にあるのは、称名滝にしては平和な、やや物足りないぐらいの環境であった。水は少なく、瀑風もない。とはいえ、壁は氷結しておらず、垂直の壁に雪が飛沫でパックされた脆弱なものが張り付いているだけであり、登攀には緊張を強いられた。

まずは私が登っていく。氷壁の登攀ならアイススクリューという氷にねじ込んで支点にできる便利な道具があるが、この脆弱な雪壁では使えない。雪を剝がして穴を開け、水の流れる岩溝にハーケンを叩き込み、一手一手、慎重に登っていく。ハーケン二枚でビレイ点を作り、後続の佐藤を迎えた。

次は交代で佐藤がトップで登っていく。三段目の上部は無雪期でも傾斜が強く難しいポイントで、佐藤の動きが止まる。おそらく利きの甘いハーケンと不安定な雪氷に戸惑っている。しばらくすると、佐藤は意を決し、最後のハーケンからなんの支点も取らずに登っていく。頼むぜと、心で祈る。佐藤はオーバーハングした氷の前で、こちらに振り返ってニヤリと笑い、そのハングした氷を乗り越えて滝の上に消えた。さすがだった。

最後の最上段は、私がトップで登る。壁の傾斜こそ強いが岩が固く、ナッツやカムという道具で強固な支点を作りながら登ることができた。シリアスな登攀が続く冬の称名滝において唯一快適なクライミングが楽しめた。落ち口まではロープの長さが足りなかったので、落ち口手前でトップを佐藤に交代した。佐藤は最後の雪壁をサクサクと登っていき、最上段の落ち口へと消えていく。

しばらくすると声がかかり、ロープが引かれ始めた。ついに私の目の前に、夢にまで見た冬の称名滝のゴールがある。自分が笑顔になっているのが分かった。

落ち口にたどり着くと、満面の笑みで迎える佐藤と、雪と氷で覆われた美しい称名廊下の姿……。本当にやったんだな、言葉にできない。

「さぁ、あとは下りるだけだ」

雪壁を登り、滝左手の尾根を目指した。下降に使った称名滝の左尾根は、夏季は藪が濃すぎて歩けたものではないが、冬は滝の景観が一望できる素晴らしい尾根だった。佐藤が「滝見尾根」と名付けた。それにしても、佐藤の足取りが速い。まるで滑り落ちるように下りていく。まだ時間はあるし、もうちょっと滝を愛でながらゆっくり下りてもいいのに……。

懸垂下降を交えながら、テントまで下りると、佐藤は思いもよらない言葉を口にした。

「ナメちゃん、ここからロープを垂らして、最下段を下りられるところまで下りてみてもいいかな。最下段を直登できるかどうか様子を見に行きたいんだ」

急いでいた理由はこれか、実に面白いことを言う男だと思った。最下段の登攀を回避したとはいえ、日本一の滝を冬期初登したというのに、それだけでは飽き足らないのだ。最下段登攀の可能性を感じてしまった以上、試さずにはいられないのだ。

確かに、ここから見下ろす最下段は凄まじい様相を呈しているが、登れそうにも見える。とはいえ、最下段の下部の様子はここからでははっきり見えないし、滝壷は数十メートルの不安定な氷のブロックに囲まれた暗黒空間をつくり、そこに称名の瀑水が吸い込まれ、さながら奈落の底のような光景になっている。人間が近づいていいような雰囲気はない。佐藤は、その奈落の底へと、秘密の基地でも見つけた子供のように、愉しそうに下りていった。

私はテントをたたみながら、時間にして一時間半ほど佐藤の帰りを待った。夕暮れが迫っていた。佐藤が戻ってくる。

「やれる、下から上まで登攀できる」と、興奮している。

「支点は？　作れるの？」

「うーん、ところどころ作れるかな、たぶん。垂直の土にアイスアックスが一ミリ刺さるかどうかの場所もあるし、あれを下から登っていくとなるとめちゃくちゃ怖いだろうな」

「ははは。仕方ないな、登れそうなら仕方ない。じゃあ明日、下から登りますか。どうせなら残りの三段も登って完璧に称名滝を登ろうよ。二回目だし、うまくやれば一日で登れるでしょ。裕介さんには明後日は会社休んでもらうことになりそうだけど、いいよね？」

テントを背負い、最下段の滝壺へ向けて懸垂下降を開始した。あたりはすでに暗くなっていた。六〇メートルロープで一回、ちょうど最下段の中間地点で、ハーケンとカムで作った支点にぶら下がる。岩溝には染み出しの水が流れていた。

「ここで水を汲んでおこう」

雪山では基本的に、水は雪や氷をガスストーブで温めて溶かして作る。時間のかかる作業なのでここで水を汲んでおけば、翌日の登攀に備えて少しでも睡眠時間を確保できる。佐藤はザックからポリタンクを取り出した。前夜、テントの中で小便を入れていたものだ。風雪のなかでテントから出て小便をするのは大変な作業なので、雪山ではテント内ではポリタンクに小便をすることも多い。小便用ポリタンク、略してションポリだ。

「ションポリだけど、洗えば気にしないよな？」と、佐藤が言うので、

「俺がそういうの気にするように見える？」と、ションポリをちょっとすすいで水を汲み始めたら、佐藤は「ちょ、いくらなんでもそりゃないでしょ。もっと綺麗に洗ってください」と怒りだした。細かいことを気にしない男だと思っていたが、さすがにゆすぎ一回だけでは許せなかったらしい。

水を汲み終えると、奈落の底へと懸垂下降を続ける。暗闇で見えないが、壁は垂直、ところどころハングしている。明日、これを登るのか……。

秋は滝の瀑水が流れ込み、うねる波を上げている滝壺は、膨大な雪崩が蓄積して埋まっている。雪を踏み抜いて、下の水面に落ちるんじゃないだろうか、とヒヤヒヤしながら、その滝壺横の雪崩そうな斜面を歩き、雪崩ない場所を探してテントを張る。寝る。

夜明け前、テントから出ると雪が降っていた。小降りと表現するにはあまりに多い雪が舞っている。あたりに積もった新雪の量から推測するに、雪は夜半から降り始めていたのだろう。携帯もラジオも持ち合わせていなかった我々に今日の天気を知る術《すべ》はない。出発前の天気予報を信じ、雪はすぐにやむものだとして登攀の準備にかかった。暗闇の中、最下段の取り付きま

で歩く。雪はやむどころか勢いを増し、壁や斜面に積もった雪がサラサラと流れ落ちていた。

初日の夜、少し雪が降っただけで大きな雪崩が起こったことを思い出す。

「ちょっと雪が降りすぎている、限度をあきらかに超えているのではないか……、やっぱり今日の登攀はやめにしないか」

そう言いだしたくなる自分がいた。この勢いで雪が降り続ければ、致命的な事態に陥るのは明白だった。冷静に考えれば、ここで引き返すのは当然の判断で、それは臆病なことでも、逃げでもない。

それでも、やめようとは言えなかった。言わなかったのだ。私と佐藤の、その場の雰囲気が引き返す決断を鈍らせたのではない。この日の称名滝最下段一二六メートルには、たとえ三回に一回は死ぬという確率であったとしても、やりたいと思えるほどの魅力があり、理屈では説明できないオーラがあった。そして私には、自然の猛威を剝き出しにした本当の称名滝の内院に入り込みたいという欲望があった。それは登山者が持つ一種、狂気的な感情なのだろう。山に自殺をしに行くわけではないが、生と死の境界線に立つことによって生の実感が湧く。死と隣り合わせのギリギリのところで自然の内院に入り込み、なおかつそこに、自分だけの何かを残したいのだ。登山とは、狂気を孕《はら》んだ表現活動なのだ。

佐藤がトップでゆっくりと登り始めた。前日に壁の様子を見て試登をしていたとはいえ、下から登るとなると容易ではない。比較的簡単に登攀できそうな下部の雪壁でさえ、厚さ二〇センチの雪壁の下は空洞になっていて、いつ崩壊してもおかしくない。上部に行けば傾斜は増し、雪壁の状態もますます不安定になるだろう。

佐藤は雪壁に穴を開け、水が流れている岩溝にハーケンを打ち込み、一手、一歩、着実に登っていた。慎重に時間をかけて登らなければ、雪壁が崩壊して滑落する。だが、時間がたつにつれ雪崩のリスクは増していく。着実に急がなければならない。降雪は勢いを増し、視界を遮るほどの湿雪が谷を覆った。ヘッドライトの明かりは舞い落ちる雪に吸い込まれ、十数メートル先の景色がぼやけた。ゆっくりと伸びていくロープだけが、佐藤の生存を私に伝えていた。

漆黒の空が薄墨色に変わりはじめる。突如、轟音。空気が震え、地面が振動し、とっさに身体を丸めた。巨大な質量を持った何かが、空から崩壊音とともに、私の周囲に落ちてくるのを感じた。質量を持った巨大な何かは、私の真横に迫ると、轟音とともに風圧、水飛沫、氷の破片、振動を私の身体に叩きつけた。「ついに俺も死ぬのか」と思い、「仕方がないか」と諦めるように悟った。身体を丸め、振動がやむのを待った。怪我はしていない。何が起きているのか分からなかったが、もう一度轟音がして、飛沫と風圧に襲われた。まだ、生きていた。

谷に薄く青白い光が射し込み、周囲の景色が見えはじめた。見上げれば、滝の落ち口から凄まじい量の水と、氷塊と、巨大な雪のブロックが落ちてきていた。三段目の滝壺にかかっていたスノーブリッジが崩れたのだ。雪のブロックが三段目の滝壺を堰き止め、水が溜まり、水圧で雪のブロックと氷塊が押し流され、最下段一二六メートルの氷壁を崩しながら落ちてくる。それが私の一〇メートル先にある滝壺を囲う氷壁にぶつかり、破壊し、滝壺から大量の飛沫と氷の破片が跳ね上がった。佐藤を見上げた。

佐藤は、着実にロープを伸ばし、最下段の中間点までたどり着いていた。ロープが引かれ始めた。滝壺から逃げるように、急いで壁を登った。大小の雪崩が、幾度か頭上を飛び越えていった。傾斜が強くなり、無雪期でも一番難しい岩壁には、脆い氷がオーバーハングになってかかっていた。それを乗り越えると、垂直の露岩が現れる。手掛かりはなく、岩のわずかな突起にアイスアックスを一ミリ引っ掛け、それに全体重を預けて這い上がった。佐藤のところにたどり着くと、彼は笑いながらこう言った。

「いやぁ、さっきの崩壊で宮城が死んだかと思ったよ」

私も、彼が無事でいることにほっとした。今、私と佐藤は、おそらく日本で最も危険な場所に、極めて無防備な状態でぶら下がっている。

「すげぇ光景だな。どうする？　次行ってみる？」

「自信ないけど、やってみますわ」

次は、私がトップで登っていくことになった。慎重に、急いで、この危険地帯を乗り越えなければならない。脆弱な厚さ数ミリの氷にアックスを引っ掛け、登りだした。上部からは小さな雪崩が頻繁に落ちてきて、何度も身体を打った。雪に穴を開け、岩溝にハーケンを叩き込む。根元まで刺さらず、滑落すれば簡単に抜けてしまうだろう。だが、悠長に支点を作っている時間はない。巨大な雪崩がいつ襲ってくるか分からない。不安定なハーケンを最後に、一〇メートル以上ロープを伸ばして登った。手掛かり足掛かりとなるのは、水で濡れた垂直の岩のわずかな突起や、アックスを思いっきり打ち込んでも数ミリも刺さらない壁だ。静かに吠え、気合いを入れて次の一手を出す。

突如、見上げていた空が真っ白になった。雪崩だ。拳《こぶし》大から人間の頭ぐらいはありそうな雪の塊が、背中とヘルメットに当たり、衝撃が伝わる。

「駄目だ、吹っ飛ぶ」

アックスを刺しているのはスカスカの雪で、両足のアイゼンは垂直の岩に生えた草にかろうじて刺さっているような状態だ。ただでさえなんとか壁にへばりついているというような状況で、称名滝は無情にも、無数の雪の塊を私に落とし続けた。アイスアックスを力強く握り締めた。衝撃は数秒続いたあと、収まった。下にいる佐藤を心配し、振り返ったが、そこからでは確認できなかった。

世界最悪の悪絶空間の中、私の脳は極めてクリアに現実をとらえていた。脳から発せられる信号によって動く筋肉は、生きるために最も合理的な動作をし、落ち口まで私の肉体を垂直に移動させていく。

落ち口から水平に延びる岩棚がすぐ近くに迫った。ハングした雪壁をアイスアックスを何度も振って崩した。息が切れ、疲弊した前腕が痺れて体重を支え切れなくなっている。力を振り絞り、雪の中に腕を突っ込み、か細い草を握りしめて岩棚の上に這い上がった。支点を作り、ロープを引き、佐藤が登ってくるのを待った。

振り返ると、見渡す景色全てで雪崩が起きていて、谷中に轟音が鳴り響いていた。隣のハンノキ滝は、五〇〇メートルの落差から、膨大な雪を水流のように落とし続け、雪は最下部で称名滝の瀑風に煽《あお》られ、生き物のように舞っていた。綺麗だった。

岩棚に這い上がってきた佐藤は、額から血を流していた。雪崩で切ったのだろう。佐藤は言った。

「ここが限界だな、下りよう」

これ以上この場にとどまれば、確実な死が待っている。

自然がひとたび本性を剝き出しにすれば、いくら経験を積み、準備をしていようと、人間の力ではどうすることもできない。たとえ少しの時間であっても、自然の内院に入り込み、その力を見ることができたことに感謝をした。
帰り道、真っ白に染まり、唸りを上げる称名は、来たときよりもさらに美しく見えた。

2　ハンノキ滝　冬期初登攀

二〇一四年一月、冬の称名滝から一年がたった。あの光景を思い出すと、再びあの地に向かおうとは思わなかった。あれだけのリスクを抱えて登るのは、一生に一度ぐらいにしておいたほうがいい。二度三度やれば、必ず死ぬ。だが、雪の水流を落としていたハンノキ滝の光景は忘れられなかった。

見渡す全方向が雪崩続け、凄まじい地響きが谷に広がり、生命を保証するものが全て失われる中、佐藤と二人、称名滝の側壁に虫けらのようにへばりついていた。動物として生きのびるために一刻も早く逃げ出さねばならないそんな状況で、眼前に広がる光景に足を止め、しばし見とれている自分がいた。水の代わりに膨大な雪を落とし続けるハンノキ滝は、まるで白い龍が舞っているかのようだった。そのとき、その光景を「美しい」と思った心は、我々が獣ではなく人間だからこそなのだ。

そしてそのハンノキ滝を人間は登れるのだろうか。その疑問に答えなければならないのは自分ではないか。そう思い始めると、疑問を解消しないことには眠ることもできなくなる。パートナーに藤巻を誘った。藤巻は無雪期の称名滝、称名廊下、劔沢大滝《つるぎさわ》と、国内で危険な沢登りを幾度も共にしてきた男だ。藤巻はこう言った。

「勘弁してくれよ、ナメちゃん。俺は妻子ある身だよ」

そう言いながらも、ハンノキ滝の登攀の可能性を分析した気合いの入ったメールを返してくれる。共に登ることを承諾してくれたのだ。

ハンノキ滝に挑戦する予定の週、天気予報では、日本列島に大きな南岸低気圧が接近し、週末は日本全域に多量の降雪が見込まれると予報していた。今回は、偵察ぐらいがせいぜいだろうなと考えていた。情けない話だが、ハンノキのことを考えては、怯え、震え、それをごまかすようにアルコールの量も増え、かなり不安定になっていた。だから登らなくていい理由ができたことに、ちょっと安心してしまったのだ。登りたいと思っているのに、登れないことに安堵し、あまつさえ少し喜んでしまっているという矛盾。自分の情熱や信念を疑ってしまうが、生と死がたゆたう自然の深淵へ向かうという行為に、怯えてしまうのは動物として自然なことだと言い聞かせた。

街を歩けば、若いカップル、明るい色に髪を染めた女の子たち、会社帰りのサラリーマン、自分とはまったく別の日常を過ごしている人たちを目にする。それらを見ていると、なんだか羨ましい気持ちにもなった。別に、無理をしてまで危険な場所を登る必要などないのだ。そう思うと、なんだか行き場のない、怒りのようなものが胸に込み上げてきた。すると街を行く全ての人、物がまるで塵芥《ちりあくた》のように見え始め、こう、強く思った。

「俺は今、ハンノキを登らなければならない」

その決意がどういう理由で出てきたのかは、自分でもよく分からない。今から生命を左右するかもしれない冒険に挑む自分とは無関係なところで生き、平凡な幸せを享受している人たちへの苛立ち、あるいは嫉妬のような感情だったのだろうか。この話を友人にしたら、次のように言われた。

「きっとあなたの深層心理の中に、行きたいという思いはあるんです。でも、死のリスクに揺らいでいる。だから世間への不満、自分に対する憤り、好奇心、冒険心、功名心、感情の正負も関係なく、その全てを推進力にして、そこに行こうとしているんじゃないですか？」

ハンノキ滝挑戦の予定日は、この冬最大の南岸低気圧が迫っていて、全国に大雪の予報が出されていた。他の山仲間からは、こんな天気で行くなんて気が狂っているとたしなめられた。だが、私は勢いだけで無鉄砲に突っ込む気などさらさらなかった。ハンノキ滝のある称名滝周辺には特有の天候があり、この低気圧は逆にチャンスだと読んでいた。

これから私たちがやろうとしているのは、自殺ではない。冒険だ。情熱に基づいた純粋な行動は、仮に死が伴ったとしても否定されるべきではない。ハンノキの核心部を静かに吠えながら登っていく自分の姿を想像すると、興奮し、笑いがこみ上げてきた。早く行きたい、登りたいと、強く思った。暗く澱《よど》んでいた精神が晴れわたり、前向きで実に明るく清々しいまでの気持ちで、生と死の分岐点へ向かおうという思いが整っていた。今年も俺たち、沢ヤの力を見せつけてやろうと、幾度目かの決意を正しく行ったのだ。

二〇一四年二月八日、パートナーの藤巻と二人、再び称名滝への林道を歩いた。

「帰ってきたぞ、今年も沢ヤの力を見せてやる」

昨年、佐藤が吠えた、あのダサいセリフを、あえて声に出して叫んだ。夏冬通して、いったい何度、この地に来たことだろう。天から見下ろせば女性の秘部を連想させるという この称名という地形。これは沢ヤの性《さが》か、雄としての色恋か、それとも母胎回帰なのか、とにかく私がこの地を愛しているということに疑う余地はない。

見上げる称名は相変わらず圧倒的で美しい。そして隣にそびえるハンノキ滝五〇〇メートルも、称名に勝るとも劣らぬ迫力で存在していた。文句のつけようのない日本一の氷瀑である。実際に目にするまでは、前年の印象からハンノキの完全結氷などまったく期待しておらず、岩壁をテクニカルなクライミングで登ることを想定していた。しかし、目の前にそびえるハンノキ滝は遠目にはきっちり凍っている。

雪が多く降りすぎていたのを心配していたが、南岸低気圧は北上し、北日本型の緩やかな冬型の気圧配置となることから、明日は高曇りか、雪がちらつく程度だろう。晴れれば氷の全崩壊、雪が降ったら雪崩地獄だ。読みが当たれば、明日は年に一度の最高の登攀のチャンスになるはずだ。

翌朝、取り付きに立ち、滝を見上げ気合いを入れた。ジャンケンで勝ち、私のトップで登攀をスタートした。少々結氷状態が悪くてもこれだけ凍っていれば登る自信はあった。が、その自信はすぐに打ち砕かれることになる。いざ氷にアイスアックスを叩きつけると、ただの雪氷でさくっと切れてしまうのだ。一見すると凍っているかのように思えたハンノキ滝は、厚さ二センチぐらいのぐさぐさのカキ氷に覆われているだけで、その下は空洞になっていた。なんの支点も作れない状態で、拳で軽く叩けば穴が開くようなカキ氷相手に五〇〇メートルも登攀するのか。足がすくみ、振り返って藤巻に、「無理だ、やめよう」と言おうかと思った。いや、踏みとどまれ。足掻《あが》くんだ。きっと道はある。自分を奮い立たせ、滝を回り込み、登れそうな氷質の場所を探した。

すると、微妙ではあるがアイスアックスが引っ掛かり、身体を持ち上げられそうな場所が見つかった。きっと、私の思いがハンノキに通じたのだ。私は、嬉々としてロープを伸ばしていった。個人の思いが環境を動かすことなど絶対にない。だが、そのときの私は、自分の思いに何ら疑問を抱くことはなかった。

墜落にはとうてい耐えられない支点を気休めに作りながら登っていく。ロープの長さが残り少なくなったとき、露岩に二本のハーケンを打ち込んだ。指で押すだけでグラグラする。強い衝撃には耐えられないだろう。しかしこいつを頼りに、フォローの藤巻を迎えるしかない。藤巻が落ちないことを祈った。藤巻は私の場所までたどり着くと、頼りないハーケンを見て、ニヤリと笑った。

そこから先もまともな支点は作れず、氷に三センチぐらいしか刺さらないアイススクリューを最後に、十数メートルもロープを伸ばして登るようなクライミングを繰り返した。出だしの垂直の氷柱を抜けると、広大な円形劇場のような緩傾斜の氷壁帯に入る。氷は数ミリから二〜三センチの厚さしかなく、アイススクリューは使えない。だが、傾斜は緩いのでぐいぐいと、氷壁を走るように登っていき、滝の中間部にたどり着く。目の前にはハンノキ滝登攀の核心となる大氷柱がある。氷柱は一〇〇メートルのオーバーハングの岩壁から垂れ下がっていて、下から見ればきっちりと氷結していて簡単そうにも見えたが、近づいてみれば、スカスカのカキ氷の集合体で小さなハングを幾つも重ねる曲者《くせもの》だった。

その核心部を、静かに吠え、登った。

時折、上から小規模な雪崩が落ちてくるが、登攀に影響するほどでない。岩と氷の溝をテクニカルなクライミングで越えていくと、再び傾斜の緩い氷壁に出た。滝の真ん中を登れば簡単だが、雪崩を避けるためにあえて傾斜の強い左の泥壁を登っていった。夕暮れも近づき、あたりは霧で真っ白になっていた。視界を遮られた中、最上部のハングした岩壁にかかる氷柱を登りきると、垂直の世界が終わり、水平の雪面に出た。ついにハンノキ滝五〇〇メートルを登りきったのだ。

弥陀ヶ原《みだがはら》の平原は一面を雪に覆われ、雪原の奥には霊峰立山がそびえ、優しく微笑み、私たちの登攀の成功を祝福しているかのようだった。

夜になり、平原の窪地でツェルトといわれる簡易テントを広げて潜り込んだ。簡易テントといっても、ナイロンでできた大きな布を紐でくくってスペースを作っているだけなので、テントのような快適さはない。それでもそこに潜り込むとずいぶんと温かく、凍えきっていた身体がじんわり解凍されていく。私はザックから、秘密のお楽しみを取り出した。

「今回は、ほんとに命懸かっているから、軽量化で酒はやめましょう」

と、登攀前に言ったのは私のほうだったが、こっそり少しだけ酒を持ってきていたのだ。

「おっ、やるねぇ、ナメちゃん」

「焚き火ができないなら、沢ヤとして酒は外せないでしょ」

二人で舐めるようにして少しの酒を飲むと、語り合い、幸せな凍える夜を過ごした。

翌朝、最高の朝日と、最高にかっこいい称名の大地を見渡し、最高の仲間と、喜びを噛み締めた。

第七章　タイのジャングル四六日間の沢登り　その三

1　ヘビ

高柳を殺してはいけない。私は冷静になり、怒りを抑えた。山では全てを自分の責任としなければならない。そう自分に言い聞かせ、糞柳《くそやなぎ》と歩いた。

事前の衛星写真から、ここから二五キロ先にある川の屈曲点までに、筏では進めない白瀬ポイントを一三カ所確認していた。そこまでは徒歩で進み、そこから先で筏を作って進むことに決めた。私が流されて死にかけたような落ち込みが現れたら、筏では到底越えられないし、今度こそ死んでしまうかもしれない。白瀬が確認できる場所を越えるまでは、泳ぎも筏も封印する必要があった。

先頭を歩く私は、藪を切りながら進んでいるので、ペースが遅いはずだが、それでも高柳は遅れがちになっていた。背負っている荷物も私のほうがかなり重い。高柳は本当に消耗してきているのかもしれない。

ゴルジュ地形の手前でテントを張った。竿を振ると、久々に釣果に恵まれた。二〇センチぐらいの魚が二匹と、一〇センチぐらいの魚を二匹釣った。焼き魚とスープにして食べる。高柳は少しでも栄養を摂取しようと骨まで焼いて齧っていた。私も真似して食べてみると、ビーフジャーキーのような味がして美味かった。

一二月一一日、数百メートルの藪漕ぎをすると、ゴルジュ状の地形と出合った。両岸は岩棚になっていて、岩棚の上には緑色の苔がびっしりと生えていて、そこから小さな滝が幾筋も流れている。岩棚の上には垂直の壁が一〇〇メートル以上の高低差で屹立《きつりつ》している。ゴルジュ内は淵になっていて、奥の様子は岩壁の陰になって分からない。泳いでいけば早そうだが、激流に揉まれるリスクを負うのはもう御免だ。

仕方なく左岸から岩壁を高巻こうとしたのだが、猛烈な棘の藪漕ぎになった。匍匐《ほふく》前進で棘だらけの竹藪を進むが、服やザックが引っ掛かり、まったく進めない。顔や手に棘がいくつも突き刺さって流血した。ノコギリを出して切断しながら進んでいくが、うんざりするほど速度が上がらない。イライラして奇声をあげた。

そんな苦しい藪漕ぎを一時間続けていくが、岩壁を巻き上がることはできない。このペースでは、日が暮れて水なしビバークになってしまう。岩壁を高巻くのは諦め、水路のほうに下りていくことにした。

岩溝を下りていくとゴルジュ中間の岩棚に出た。岩棚からゴルジュ下流の様子をうかがう。激流は見当たらない。水面に飛び込んで対岸まで泳いでいけば、歩いてゴルジュを抜けられそうだった。

立っている岩棚から水面までは約四メートルの高さがある。私は岩を拾い、それを濁った水面に向かって投げた。岩の音で水面下に隠れた岩がないか確認するためだ。音から判断するに水はかなり深い。

高さに一瞬戸惑うものの、ジャンプ！　一瞬の無重力のあとドボンと頭まで水中に潜り、浮かび上がる。対岸まで二五メートルほど泳いだ。

後続の高柳が飛び込みにビビる姿を期待していたが、意外にも「フォーッ」と叫んで躊躇《ためら》わずに飛んだ。私は飛び込みに一瞬躊躇《ちゅうちょ》していたので、ちょっと悔しい。

三時間ぐらい歩き続けると、大きな砂地に着いた。砂地には乾いた薪が大量に転がっている。日当たりも最高だった。行動終了には早かったが、この場所は沢の神様がくれた恵みに違いない。ここで泊まらないのは沢の神様に失礼だ。

ソーラーパネルを広げ、全裸になって日光浴をした。濡れていた装備があっという間に乾いていく。焚き火をし、その傍らで夕暮れまで昼寝した。

夕飯後、高柳が弱音を吐き出した。

「栄養失調で足がまったく上がらないんです。あと一週間が限界です」

確かに高柳はずいぶんと痩せてきていたが、最低限とはいえ食事もとっているし、ビタミンのサプリも飲んでいる。疲れてはいるだろうが、高柳の場合、心理的な問題が大きいと思っていた。行動食の飴を食べ尽くしていた高柳に私の飴を二〇個あげた。翌日からは荷物も私が多く担ぐことにした。

三六日目。高柳のペースは上がらず、次第に大きく遅れだした。「このまま黒部と共に死ぬのも悪くない、もう置いていって下さい」などと口にしだした。

筏を作る予定の最後の白瀬を越えるまで、ここからまだ二〇キロはある。私は黒部支流のゴルジュの調査だけはやりたかったが、それには三日間を想定していた。今のペースだとゴールまでは五四日間かかる計算になる。そうなると、今日から一日あたりの食事量を半分にしなければならない。はたしてそれですでに衰弱している高柳は最後までもつだろうか。おそらく私ですらギリギリだろう。行程をさらに短縮する必要があった。支流ゴルジュの調査は、もうあきらめざるを得なかった。

ゴールに決めたダムの建物のマークまであと六〇キロ。仮に筏を作ることができない、あるいは筏が途中で崩壊したら、ダムまで歩き続けることになる。筏作戦がうまくいっても、ダムの手前で川の流れはなくなるだろうから、推進力が得られなくなった筏を放棄して歩かなければばならない。そして最後はダム湖を四〇〇メートル以上泳ぐことになる。

五一日目の衰弱した半病人のような身体で、四〇〇メートルを泳げば低体温症に陥るのは明白だ。私はまだしも、高柳……、本当に死んでしまうかもしれない……。

私が今後の計画に悩んでいると、「あ、ヘビです」と高柳が言った。

岩棚にはとぐろを巻いたアミメニシキヘビがいた。入渓一週間目ぐらいに見たのと同じ種類の大蛇だ。近づいて写真を撮っても動かず、置き物のようなヘビだった。体長は少なくとも五メートル以上はある。胴回りは細身の女性のウエストぐらいの太さがあった。

「殺して食いましょう」

高柳がつぶやいた。

え？　思いもよらない言葉に、冗談で言っているのかと思ったが、高柳は真剣な顔で続けた。

「石をヘビの頭にぶつけ、殺すんです」

高柳は本気だった。私も腹は減っている。だが、そこまでしなければならないのだろうか。とぐろを巻いてじっとしているヘビは弱っているようにも見え、可愛らしくさえ思えた。こいつを殺すことを考えると、同情心が芽生えた。それを伝えると高柳は、

「スーパーで売っている肉しか見ていないから、そういうことを言うんです」

と、紋切型の命の論理を語りだした。私はそれに少しカチンときた。そういうことではないのだ。可哀相という理由も確かにあるが、投石でこんなでかいヘビを殺すなど無理な話で、ヘビがこちらに向かってくれれば、こっちがエサになるリスクがある。石を投げたところで、ヘビに逃げられるだけなのがオチだ。狩れる勝算があるならまだしも、いたずらに動物を痛めつけるだけになるようなことは、やりたくないのだ。

すると高柳は血走った目で、

「弱肉強食です。生きるか死ぬかなんです。分かっていないのは宮城さんのほうだ……。こいつを食って僕は生きのびたいんです」

「分かった……。そこまで言うなら、殺ろうぜ」

高柳は直径二〇センチほどの石を両手に抱えると、ヘビに向かって投げつけた。ヘビは逃げ、石は外れた。殺ろうというのは私の本心ではなかった。心の内では、このまま逃げてくれと思っていた。

だが、ヘビはその巨体がネックとなり、動きが鈍かった。高柳がまた石を投げる。胴体に当たったが効いてはいない。ヘビは岩の下に潜り込んでいくが、身体が大きすぎて半身が丸見えの状態だ。高柳が勇敢にも大ヘビのしっぽを摑んで引っ張った。

私はこの高柳の行動を見て、ようやく覚悟を決めた。高柳は大して考えてはいなかったのかもしれないが、これだけ大きなヘビが反撃に転じて、胴体に巻き付かれでもすれば生命の危険がある。ニシキヘビには人間の捕食事例だってあるのだ。仲間が生命の危険を冒してまでやりとげようとしていることに、熱くならない道理はない。

「ちょっと待っていろ」。私は叫び、高柳が投石でけん制している間に、ノコギリで近場の竹を切って竹やりを作った。

その竹やりでヘビを突いた。固く、重たい感触だった。高柳はノコギリを手に取り、ヘビを切りつけた。固い。鱗の表面に傷が付くだけだ。

逃げる一手だったヘビも、ついに敵意をむき出しにして、大口をあけて牙を見せ、シャーっとうなり、私たちに向かって噛みつきにかかった。一歩引いて距離を置く。あのでかい口で噛みつかれ、巻き付かれたら死ぬ。

高柳が竹やりでヘビの頭を突く。ヘビは大口をあけていたので、竹やりが口内にヒットした。それにたじろいだヘビは、大岩の隙間から奥へと逃げていく。川に逃げられたらもう追いかけることはできない。

急いで大岩を回り込んでヘビを追った。ヘビは川まで繋がる大岩の下に潜り込んでいくところだった。高柳が寸前のところでヘビの胴体に竹やりを押し付け、全体重をかけて押さえた。ヘビの力は凄まじく、じわじわと大岩の奥へと潜り込んで逃げようとする。

私はしっぽの先から一メートル五〇センチぐらいのところにまたがり、押さえつけ、ノコギリで胴体を切りつけた。ものすごく固い。全力でノコギリの歯を引き続け、なんとか鱗を切る。ヘビの胴体から血が噴き出し、顔にかかった。躊躇わずにギコギコと切り続けた。肉と皮がノコギリにべったりと糊のようにまとわりつき、背骨が切れない。ヘビは身体を切りつかれながらも逃げようと動く。絶対に逃がさない。魂を込めてノコギリを引く。背骨が切断されると、あとは柔らかかった。私は胴体を二つに引き裂いた。

ヘビの上体から内臓が四〇センチ以上こぼれてきた。高柳は切断された上半身のほうを竹やりで押さえ続けていたが、ヘビはまだ力強く逃げようとしている。疲弊した高柳と竹やりを交代し、私が押さえようとするが、交代の捕縛が緩んだその瞬間、ヘビはもの凄い力を発揮した。胴体を一・五メートル切断され、内臓を四〇センチも垂らした状態のまま、信じがたい怪力で竹やりの捕縛を振り払い、大岩の下へと消えていった。

私は茫然と立ち尽くしていた。足元には切断した一メートル五〇センチほどのヘビのしっぽが転がり、砂地には血潮がこびりついていた。

正直なところ、生き物を生きた状態のままノコギリで切断するという行為にかなり動揺を感じていた。ヘビは爬虫類で変温動物なのだが、その胴体は少し生暖かく、胴体を切断されながらも生き残ろうと力強く抵抗していた。背骨をゴリゴリと切る感触は特に気持ちの悪いもので、頭の中に人間をバラバラに解体する猟奇殺人者が想い浮かんできて嫌な汗をかいた。銃ならば肉の感触は残らないし、鉈《なた》や大型のナイフだったら一回の刺突、切りつけで生命を終わらせるのが普通だろうから、一瞬だ。それに比べてノコギリという道具は、押して引いてを何十回、あるいは何百回と反復させてようやく切断に至る。肉を少しずつ抉《えぐ》っていく感触が手に伝わり続けるのだ。しかも相手は生きたままで、力強く抵抗し続けている。これほど心地の悪い感触は、生まれて初めてのことだった。

ヘビからしてみれば、ギザギザの刃を胴体に押し付けられ、じわじわと身体の一部だったものが、身体の一部でなくなることを認識させられる。これはたまったものじゃないだろう。中世ヨーロッパで行われた魔女狩りの中でも残忍な処刑法として、ノコギリ引きというものがある。生きた人間を逆さ吊りにして、股から頭までを巨大なノコギリで両断するのだ。人間が残忍な創造力を働かせて行ったこういう拷問行為を、食べるために仕方がなかったとはいえヘビに行ったのだ。いや、これが本当に仕方のないことなのか分からないまま、殺生をしたのだ。私は腹が減ってはいたが、餓死というには程遠く、覚悟も曖昧だった。しかも、胴体を輪切りにしておいてトドメを刺さずに逃がすという、狩りとして極めて未熟な行為をしたのだ。内臓を引きずりながら逃げていったヘビを思い出すと、胸が痛んだ。

高柳は子供そのものの無邪気な笑顔で、「しっぽだけでもずいぶんと食べる分がありますね」

と喜んでいた。ジャングルの最奥にまで来て下界的な倫理観を持ち出し、うじうじと考え悩んでいる私よりも、高柳のほうが、沢ヤとして正しいのかもしれない。

殺人現場のように血潮が散らばる横の岩で、昼食のマッシュポテトを食べた。切断したヘビのしっぽを眺めていると、ふと自分の過去の体験が蘇ってきた。

骨折などでギプスをしたことがある人は経験があるはずだが、ギプスを外すとき、電動ノコギリのような機械で切られる。あれは刃が回転する電動ノコギリと違って、刃は左右に振動しているだけなので、振動に合わせて動く皮膚までは切れない仕組みになっている。それは分かっていても、ノコギリを身体に当てられるということは気分がよくない。五年ほど前、私が足のギプスを切断してもらったとき、こういうことが起こった。

「先生、痛いというか、熱いというか、とにかく痛覚がもの凄く刺激されているのですが、これは肉まで切れてしまっているようにしか思えないんですが」

私がそう言うと、医者は電動ノコギリでギプスの切断作業を続けながらこう言った。

「気のせいですよ。これは肌までは切れない仕組みになっているのです。実際には肌は切られていないのに、見た目がインパクトありますからね。切られていると錯覚して実際に痛みまで感じてしまう患者さんは多いですよ」

そうか、私の気のせいか。そういう仕組みは分かっていたはずなのに、私は思っていたより

信じ込みやすく怖がりのタイプだったのかもしれない。ギプスを切断し、外すと医者は血相を変え、

「あああっ、す、すいません、だ、大丈夫ですか」

と、激しく狼狽《ろうばい》した。

上体を起こして足を見ると、私の脛《すね》の部分は長さ三センチにわたって深く抉れており、肉が剝き出しになっていた。思い出すと、この医者の雰囲気は高柳にソックリだった。私が高柳の顔を見て生理的にムカつくことには、このことも関係しているのかもしれない。

切断したヘビのしっぽを抱えて歩いた。ヘビを抱えた状態で藪漕ぎや岩場での移動はできないので、次に適地が見つかればそこに泊まるつもりだった。

二〇分ほど歩くと砂地を見つけた。近くには小さな支流も流れていて、ここで清潔な水が汲める。本流の水は上流に集落があることから、できればあまり飲みたくはなかった。川にはところどころに、上流から流されてきたゴミが散らばっていて、その中にはエンジンオイルの缶や、得体の知れない黒い液体が入ったボトルがあった。盆地の平原にある集落なので、田畑もあるだろう。田畑があるということは、川には農薬も流れているに違いない。

これまで本流の水は煮沸するか、ろ過ストローを通して飲んでいた。それで大腸菌や寄生虫の類は取り除けるだろうが、化学物質にはたぶん無意味だ。そんな水をこれまで毎日何リット

ルと飲んできた。日本人は普段の食事から防腐剤や化学調味料を摂取しているので、ケミカルには耐性があるから大丈夫だと自分に言い聞かせていたのだが、飲んで気分のいいものではない。支流の清潔な水が飲めるのはありがたかった。

高柳には焚き火の準備をしてもらい、私はヘビの解体をすることにした。このときすでに、私も高柳もメインのナイフを紛失していて、予備の小さなナイフしか持っていなかった。予備のナイフは煙草一本の幅で、煙草の半分の長さしかない。鱗を切るが、非常に硬く、骨が邪魔でなかなかうまく切れない。少量の肉を切りだすのに、かなりの時間を要した。とりあえず、皮を剝ごうと筋肉と皮の間の被膜をちまちまと切っていく。小さなナイフで無理に力を込めているので、これはそのうち指を切りそうだと思っていたら、ざっくりと切った。

傷口は深く、高柳に交代を申し出た。消毒し軟膏を塗り、私は焚き火の準備と水汲みをすることにした。焚き火の準備が終わるころ、高柳はヘビの皮を三分の一ほど剝ぎ終えていた。

高柳が言った。

「もうこれ以上は面倒だから、二人で引っ張れば皮を剝けるでしょ」

私は切断面の肉と骨を摑み、高柳は剝ぎかけの皮を摑み、綱引きの要領でヘビを引っ張った。皮を三分の二の長さまでめくることができたが、それ以上は固くて無理だったので、焚き火で丸焼きにすることにした。

切り出すことができた少量の肉と内臓は焚き火缶で炒め、残りは丸ごと弱火で燻製にした。塩コショウで炒めた内臓はコリコリして美味だった。肉はまずくはないのだが、異常に硬く、何分間と嚙み続けていても嚙み切れなかった。ゴムでも嚙んでいる気分になり、口から吐きだしてナイフで小さく切り、それを吞み込んだ。

燻製も上等なものはできなかったが、骨ごとバリバリと齧った。この日は肉の代わりに米を節約することにし、一食分の米を朝晩で二食に分けて食べた。米は少ないが、久々に肉が食えたことで満足していた。残った燻製はジップロックの袋に入れ、翌日以降用にとっておいた。

「ヘビさんありがとう、僕もこれであと五日は余分に動けそうです」

高柳は幸せな顔をしていた。


一二月一三日、朝から二時間ぐらい歩いたところで、対岸へ泳いで渡ることにした。地形図を見ると、対岸のほうが若干歩きやすいように見えたからだ。なるべく流れが弱く川幅の狭いところを選んだが、それでも三五メートルほどあった。川の中間部は流れが強く、流されないように必死に泳いだ。対岸に着くと、身体が冷えて足が上がらず、しばらく日向ぼっこをする必要があった。気温も低くなってきているが、衰弱していることを実感した。

高柳は溺れそうになり、あと少しで白濁したところに流されるところだった。たった三五メートル泳ぐのにこの苦労。最終日、さらに衰弱した状態で四〇〇メートルを泳げるのだろうか。

藪漕ぎや岩場の登り下りを繰り返しながら進んだ。高柳はまた大きく遅れだした。水平の道ならまだ動けるのだが、足が上がらないので岩場の登り下りになると苦しいのだ。

濡れた衣類を乾かすため、日当たりのいい場所で休憩した。上半身裸で日光浴。アブが寄ってきた。

これまでも日向ぼっこをしていて、何度もアブには襲われていたのだが、こちらが動かなければ基本的に刺してはこない。慣れないうちは追い払おうとして、アブを刺激してしまい何度も刺された。激痛で飛び上がってしまうので、また別のアブが驚いて襲ってくる。最初のうちはそういうアブのスパイラルを繰り返していた。

今ではそんなアブにも慣れ、二、三カ所刺されたところで、反射的に飛び上がることもない。もうアブを怖がらずに日光浴ができる。目を閉じて大の字になり、大量のアブに寄り添われていると、アブと一体になり、沢の獣として研ぎ澄まされていく自分を感じる。

ただ、この日のアブはあまりにも多すぎた。見る間に数が増えていき、最終的には何百匹とたかってきて、休憩どころではなくなる。高柳の顔にはアブのモザイクがかかり、ヒッチコックの映画「鳥」状態。慌ててその場から逃げだした。しかし、歩けないとか言ってた高柳、走れるじゃねぇか。

樹林の獣道を歩いていく。コケーッコッコー!! 見れば藪の陰に鶏がいる。見ただけで唾液が洪水のように湧き出てきた。ザックを置いて、高柳と走って追いかける……。

鶏は飛んで逃げた。

「散弾銃があれば捕れたな」

「でも、銃なんて重くて持ち運べないでしょ。弓はどうですか、手製の竹弓」

「三〇センチぐらいの距離なら当たるかもな。ランボー並みの投げナイフ術を身につけるのが堅実なんじゃない?」

しばらく歩き、平地で寝た。

一二月一四日、四〇日目、だんだんと地形が急峻になっていき、川沿いの岩場を登り下りしながら進む。するとついに岩に阻まれて登れない淵が現れた。高巻きするには猛烈な藪漕ぎをする必要がある。下流を見渡す限り、危険は見受けられないので、水に浸かって泳ぐことにした。岩伝いに一〇〇メートルほどの距離を泳ぎ、岩棚に這い上がった。たったそれだけで、二人ともしばらく立ち上がれないほど、消耗していた。休憩後、病人のようにフラフラと岩場を進む。幾度か転倒した。

夕暮れ前、岩棚の上にテントを張った。高柳が限界を口にした。

「これ以上進むのは無理です。もう次の建物マークが限界。そこでやめましょう。本当に死んでしまう」

私だって空腹で苦しかった。そもそも、苦しい思いをするのが分かって、ここまで来ている。登山っていうのは苦しいんだ。苦しいことをするのが登山なんだ。それを受け入れられないなら、最初から来なければいい。山なんてやめちまえよ。私は感情をむき出しに怒鳴りちらした。

高柳はふてくされ、「はいはい、あっそ」と繰り返した。

「もういい、お前は次の建物マークから帰れ！　あとは俺一人でやる」

「違うんです！　僕だってやる気はあるんです。やる気は……」

なんだか疲れ、嫌になり、早めにテントに入って寝た。

一二月一五日、四一日目。高柳は弱音を吐かなくなったが、ペースはどんどん落ちていった。私も足取りが重くなりはじめ、転倒することが増えていった。高柳は途中の岩棚で転倒して、左手に強い打撲を負った。カメラも壊してしまっていた。

テント場に着くと高柳はへたり込んだ。私は少しでも食料をと思い、釣りをした。高柳は薪を集めて焚き火の準備をするが、少し動いてはうつむいて息を切らしていた。目の焦点も合っていない。

「大丈夫かよ。昨日はああ言ってしまったが、建物マークのところから帰ることができそうなら、そこでもうやめようぜ」

「大丈夫です。まだ頑張れます」

高柳は強がった。あまりに弱々しいその姿を見て、別の疑念を抱いた。高柳は日中の動きは散漫で口数も少ないのだが、夜になると元気になりだし、よくしゃべるのだ。それもあって「栄養失調」を高柳の言い訳だと決めつけていたが、この弱り方には別の原因があるのではないか……。

「お前、ひょっとして熱中症なんじゃねえか。明日は沢用の服をやめて、薄手のシャツで行動したらどうだ」

「そうかもしれません。ヘビを食べて元気になったはずなのに、おかしいですよね……」

日中の覇気のなさの原因が熱中症なら、いくらでも対策の取りようがある。

一二月一六日、四二日目。薄着と帽子、水分補給を多めに行った高柳は、人が変わったようにやる気を見せ先頭を歩いた。

「本当にただの熱中症だったみたいです。今まですいません」

「いや、元気になってよかったよ。少ないとはいえ最低限は食べているし、そこまで衰弱するわけがないと思っていたんだよ。もっと早く気付けばよかったな」

「そうですね、もっと早く気付くべきでした。お互いにね」

余分な一言が相変わらずムカつくが、高柳が動けるようになって私も助かった。これで最後まで旅を続けられるかもしれない。

ペースを上げて藪を漕いでいくと、前方三〇〇メートルぐらいに人影が見えた。その人影はこちらに何かを叫んだ。私は「ホォー」と叫んで応答した。

「あれ現地人漁師じゃなく、密猟者だったらどうします？」

「笑顔、笑顔さえ絶やさなければなんとかなる」

近づくと、川岸から三メートル離れたところに幅二メートル長さ六メートルほどの竹筏に、ギラついた眼光の男が六人。男たちの腰には鉈と拳銃が光り、足元にはM16自動小銃が……。

「ハーイ！　俺たちは沢ヤだ！」

俺たちは伝家の宝刀、満面の笑顔を解き放った。

すると、しかめた顔でこちらを睨みつけていた男たちの顔が、緩やかに崩れ、笑顔になった。沢ヤのコミュニケーションはどこでも誰にだって通じるのだ。

撃ち殺されるんじゃないかと、ヒヤヒヤとしていたが、よく見れば男たちの胸にはバッジが光っている。男たちは密猟者を取り締まるレンジャーだった。

リーダーと思われる焦げ茶色の肌をした初老の男がタイ語で声をかけてきた。私たちをタイ人だと思っているらしい。日本人であることを伝えた。六人の中に英語が堪能な者はおらず、筏に乗れというジェスチャーを繰り返した。私たちは無許可でここに入域しているので、そのことを突っ込まれたらまずい。日本語で高柳と相談した。

「やばいですね。許可のことをつっこまれたら、連行されるかもしれません」

「笑顔でごまかそう。英語も分からないふりをして、許可のこともごまかすぞ。とにかく笑顔だ」

地図を取りだし、歩いて下流まで下りたいということを説明した。彼らはタイ語と幾つかの英単語を交え、こう説明した。

「これから筏で遡り、支流の沢の先にある村に行く。ついてきなさい」

従えば旅は終わってしまう。私たちは歩いていきたいということを繰り返し強調し、懇願した。

すると、男たちは折れ、好きに進むがいいと私たちを見逃してくれた。同じ沢に生きる男として、レンジャーたちに想いが通じたのだ。

「頑張れよ」。たぶん、そういうことを言いながら、六人の男は手を振って筏で沖へと去っていった。

そこから一時間ほど歩いた。河原から煙のにおいがした。おそらくさっきのレンジャーたちのビバーク跡だろう。においを追うと、わずかな煙、火はまだ燻《くすぶ》っていた。

「なんだよ、あいつらレンジャーのくせに、もうちょっと火の始末ちゃんとしろよ」

高柳が悪態をついた。

そして俺たちはお決まりの探索作業をした。これまで密猟者の焚き火跡があるたびに煙草の吸い殻を探してきた。焚き火の灰を吹き払い、犬のように地面に顔を近づけて探索し、煙草の吸い殻を拾った。しけた煙草が見つかると、それを「天の恵み」といって吸ってきていた。もちろんここでもそれを探さねばならない。

「あいつら、あのナリで煙草を吸わないとは言わせないぞ」

焚き火の周囲を四つ這いになり犬のように嗅ぎまわると、煙草を発見する。さらに、煙草よりうれしい、今の俺たちにとっては金銀財宝のもの凄いものを発見した。

砂にまみれた一〇〇粒ほどの米粒、アリのたかった三センチほどの肉片、泥と混じった嘔吐物みたいな薄茶色の物体……。

まずは砂交じりの生米を齧った。

「生でもいけるな。もったいねぇな。レンジャーども、こんなんで自然を守れるのかよ」

次にアリが大量にたかっている三センチほどの肉片を拾い、アリを丁寧に払い落とした。肉片を二つに切り分け、口に入れた。

「うめぇええ、こんなもの捨てるなんて、何考えているんだあのレンジャーども！」

おそらくレンジャーが口に入れ、固くて吐き出したものであろう肉を、液体になるまで噛み続けて呑み込んだ。これまで塩は貴重品なので温存しながら使っていた。だから塩っ気たっぷりのこの肉は、私たちにとって幸せそのものだ。

最後に、泥とミックスされた吐瀉《としゃ》物みたいな物体を口に入れる。

「うめぇえええ」

ジャガイモだ。ジャガイモの煮物でも作ったあと、鍋にこびりついたものを捨てたのだろう。へたしたら酒を呑みすぎて、本当に吐き出したものかもしれないが……。

ジャリジャリと砂まじりの茶色い物体をかじる高柳は、七福神の大黒天様と見紛うほどの笑顔で、天を仰いだ。

「俺、幸せです」

生ゴミを食べ尽くした後、その余韻を楽しみ、三時間ほど歩いた。摂取カロリーとしては微々たるものではあったが、生ごみは私たちに大きなエネルギーをもたらし、足取りを軽くしてくれた。

2 筏

黒部川が大きく屈曲する場所に岩壁がある。私はそれを地形図で見ていて、そこを登ろうと決めていた。いろいろ計画を縮小してきたが、ここだけはどうしても登りたかった。

高柳には、「無理そうなら、俺一人でクライミングしてくるから、高柳君は休憩して待っていればいい」と伝えたが、高柳もやる気を出して「ここまで来たら僕だって根性見せます」と付き合ってくれた。

岩壁は高さ一五〇メートルほどで、大きくもなければ見栄えもよくない。はっきり言ってクライミング的な魅力には欠ける。私はそんな冴えない岩壁を登ることに大きなテーマをもたせていた。

このクウェーヤイ川を、本当の意味で黒部にするためには、日本の黒部で先人たちがその壁を登ってきたように、俺が眼前の壁を登らなければならない。そして何より、岩壁の上に立ち、これまでたどってきた黒部の道のりを見渡したかった。

壁の手前の砂浜で焚き火をし、翌日の登攀に備えた。

一二月一七日、四三日目。岩壁の下まで急な藪の斜面を登った。途中、藪を払おうとしたとき、枝の先に赤いアリが見えた。

「しまった」

そう思ったときに、私はもう枝を触ってしまっていた。瞬く間に全身をアリの大群が覆った。そしてアリは私の肉を齧った。

「いってー、くそっ、いてー」

アリの大群は顔や手に嚙みつくだけでは飽き足らず、首筋から衣類の間にまで入ってきて、所構わず嚙みついた。手で払っても次から次へと襲ってくる。奇声をあげてその場を走り抜け、ザックを放り投げて身体中を手で払った。側の木に背中を叩き付けるようにして擦《こす》り、アリを落とそうとしたが、アリはしつこく嚙みつき続ける。髪の毛の間にも入り込んで、頭にまで嚙みついた。私は発狂でもしたような奇声を張り上げた。

「大丈夫？」

高柳が駆けつけてきた。あまりの発狂ぶりに私が落石にでも当たったかと思ったようだ。

「くっそー、アリだ。頼む、背中のやつを取ってくれ」

高柳に、背中のアリを払ってもらった。

ツムギアリ、体長一センチほどのこのアリは、非常に攻撃的な性格をしていて巣に触る動物に容赦ない攻撃を仕掛けてくる。巣は枝の先に拳大《こぶし》の葉っぱを丸めてつくっているので、藪漕ぎをしているとうっかり触ってしまうのだ。アブや蚊にも悩まされたが、人間を発狂寸前まで追い込むという意味では、こいつにかなう害虫はいないだろう。

登攀前から酷い目に遭い、岩壁の下に着くころには汗だくになっていて、軽い脱水症と熱中症にかかっていた。

登攀は四〇メートルロープで三ピッチ、一〇〇メートルちょっと登るとあっけなく終わった。難しいものじゃなかったが、私は意識がもうろうとしていて、トップで一回、フォローで一回落ちてしまった。

岩壁の上で記念撮影をした。

これまで歩いてきた黒部川の道のりを見下ろした。地平線まで続くジャングルと緩やかな山々、緑の絨毯《じゅうたん》に立ち上がる岩壁。その山々を縫うように、青黒い大河が地平線からこちらに向かい右へ左へ蛇行しながら流れている。

「本当に、凄い山奥にいるな……」

日程を押してでも、ここに立ってよかったと思った。

懸垂下降で岩壁を下り、急な岩場を登り下りし、藪漕ぎをしながら進んだ。川は岩壁の下でクランク状に屈曲していて、巨岩によって大きな落ち込みをつくっていた。ここが衛星写真で見えた最後の白瀬だ。私はここにひょっとしたら滝があるかもしれないと踏んでいた。急な岩場の登り下りを繰り返しながら進んでいく……。

巨岩の合間の先から響く耳をつんざく瀑音。隙間から見えるのは、平均川幅五〇メートル以上の大河である黒部の水を、巨岩によって川幅四メートルにまですぼめ、その猛烈に圧縮された水を落差にして四メートルも落とす水の大爆発、黒部の白眉、大滝だ。

このサイズの大渓谷で滝とはっきり言える滝があるのは相当珍しい。写真を撮り、遡行図という沢の地形を書き写す図面に、滝の印を書き込んだ。

滝を見送り先へと進む。地図上では対岸に建物マークがある場所を過ぎるが、そこには何も見当たらなかった。もし、次の建物マークに何もなければ、ゴールまで逃げ道のない状態で歩き続けねばならない。

夕方、砂地にテントを張った。残りの日程を計算するため、地形図を出して、ゴールであるダムの建物までの距離を測った。残り五六キロ。この日進んだ距離は、強烈な藪漕ぎと困難な岩の登り下りによって時速は三〇〇メートル以下になっていた。もしこのペースが続くようなら、どこかの地点で食料が尽きる。もし、次の建物マークに何もなく、再びレンジャーが偶然現れるなどの幸運がなければ……。

筏を作り、ペースを上げて進むことができなければ、待っているのは餓死だ。

一二月一八日、四四日目。テント場から二時間歩いた砂地の横に竹林を見つけた。筏は竹を用いて作る。浮力を得るためには太くて空洞が大きい竹が望ましいが、この竹林の竹はどれも細く浮力に欠けそうだ。別の場所まで探しに歩こうかともしたが、歩いた先に竹林があるとは限らないし、筏を作るためにはそれなりの砂浜スペースも必要で、ここで妥協することにした。

竹林から竹を切り出して、それを砂地まで運ぶ。陽射しが強く、暑い日だった。高柳は作業中、熱中症にかかって動けなくなった。木陰で休んでもらう。

竹を二五本切り落とし、砂地に並べる。余計な枝を切り落として六メートルほどの長さに切り揃えた。筏の結束には登攀用のロープを使う。二万円もする高価なロープだがケチケチするような場面ではない。ロープを切断し、筏の結束に使った。

筏ができあがるころには夕方になっていた。高柳と一緒に筏を引きずって川に浮かべた。試しに私が乗り込んでみると、筏は水面にギリギリ浮いているような状態だ。ほぼ丸一日かけて作った筏だが、浮力が足らず、人間一人が定員のようだ。

高柳と相談し、一人が荷物と共に筏に乗って進み、もう一人は空荷で砂地を歩く作戦を考えた。はぐれてはいけないので、合図や幾つかのルールを決めた。

一二月一九日、四五日目。筏へは体重が軽い高柳に乗ってもらうことにした。砂地から先には白瀬が見えている。人間が命を落とすような激しい白瀬ではないが、筏であれを乗り越えられるかどうか、最初の難関だ。筏がバラバラになるかどうかは、五分五分ぐらいに考えていた。

筏の操舵用に五メートルほどの竹の棒を一本持ち、高柳が筏に乗り込んだ。意外と安定している。竹の棒で地面を突き、沖へと出ていく。筏が流れに乗ると勢いをつけて下流へと進んでいく。速い。

筏に乗った高柳は「ホォーーッ」と雄叫びをあげ、白瀬を乗り切っていった。なんとかなりそうだ。

私は藪を掻き分けながら走って追いかけた。二時間後、高柳と合流する。

「この筏、なんとか二人乗れるんじゃないか。ザックが浮力になるようにうまく配置すればいけるはずだ」

そう高柳に提案すると、「僕もそう思っていたんです」と答えた。

まずはザックを筏の後ろのほうに固定する。ザックは人間一人分ぐらいの浮力があるので、ザックの上に座れば筏は大して沈まない。

私は筏にそっと乗り込むとザックの上に座り、高柳は筏の前方に操舵用の棒を持って立った。水面から五センチぐらい沈んでいるが、問題なく進めそうだ。高柳が竹の棒で陸地を突き、ついに筏の二人旅がスタートした。

筏は予想以上に速く快適だった。流れの緩いところでも時速二～三キロ、速いところだと時速五～六キロのスピードが出た。この調子なら二日もあればダムまで行ける。

前方に白瀬が現れる。筏は白瀬の手前から勢いを増し、少し怖いぐらいのスピードで川を走った。ゴンッ！　衝撃が伝わる。筏の底に岩がぶつかったのだ。筏は大きく歪み、竹の結束は緩んだ。何本かの竹が外れかかっていた。形が歪んで筏の隙間が大きいので、高柳はたまに滑って竹と竹の間に股間を打ち付けていた。

目の前には前回と比較にならない大きな白瀬がある。スピードを速めてそこへと突っ込んでいく。もの凄いスピードで筏はコントロールを失い、水面に飛び出た木に目がけて突進していく。高柳が竹の棒で必死にコントロールしてギリギリ正面激突は免れるが、水中にある枝に引っ掛かって筏が急停止した。その衝撃で私は川に吹っ飛び、高柳は操舵用の竹の棒を落とした。

私は流されそうになりながらも、なんとか筏にしがみついた。もの凄い水圧で筏は今にもバラバラになりそうだ。筏に這い上がって木を蹴ってみるがびくともしない。原因は水中だ。私は水中に潜ると、筏が引っ掛かっている枝を蹴り飛ばした。すると筏が動いた。

流れに乗った筏は、川の中腹へと流されていく。

衝撃と水圧で筏は大きく歪んでいるが、高柳が操舵用の竹の棒を落としているので、着岸して筏を補修することはできない。

「すいません、棒を落としてしまって」

「仕方ないさ。川の流れに身を任せる。これはこれで風情があっていいだろ。そのうち自然と岸に着けるさ」

昨日までは暑さで熱中症になっていたが、この日に限って空は曇っていて、おまけに風もあった。寒かった。本音のところ、川の流れに身を任せる風情を楽しむ余裕などまったくない。筏には隙間があって両足は水中に浸かっているし、ザックを押さえるために両手は水中のロープを握っていた。倒木に引っ掛かったときに長い時間水中に浸かっていたので、体温を奪われていた。歯は嚙み合わず、手足は痺れ、気分まで悪くなっていた。一刻も早く陸にあがりたいと思っていたが、思いは虚しく、川幅はどんどん広がり八〇メートルぐらいになった。その真ん中で筏は漂っている。

このまま漂いつづけたとしたら、どこかの時点で筏を放棄して泳いで岸に上がらなければならない。こんな冷え切った状態で川岸まで四〇メートルも泳げるのだろうか。浮力体となるザックは、私が座っているほうに荷物がほとんど詰め込まれていて、背負っているほうのザックの中身はカラだ。

中身がないということは浮力体として役に立たない。不安定な筏で荷物を分け直すことは不可能なので、どちらか一人は浮力体なしで岸まで泳がなければならなくなる。高柳も消耗している。浮力体のないほうは力尽きて溺れるかもしれない……。

一時間、フワフワと川に流され続けた。もう限界だ。筏を捨てて岸まで泳がねば低体温症で死ぬ、と覚悟したとき、運よく川岸に近づく流れに筏が乗った。

高柳が「行きます」と、係留用のロープを握って川に飛び込み、川岸の藪を摑んでロープを結び付けた。筏は着岸した。

「焚き火だ、焚き火！」

運のいいことに、河原には乾いた薪が大量にあった。三分もすると薪は轟々と燃え上がった。湯を沸かし、飲んだ。

「さっき言わなかったんですけど、宮城さん、唇真っ青で、すげえチアノーゼ起こしていましたよ」

「やっぱりそうか。強がって何も言わなかったけど、もうちょっと流されてたら低体温症で失神してたわ」

筏の補修をしようかとも思ったが、藪と岩場で足場が不安定なので、このまま筏に乗って進むことにした。新しく操舵用の竹と、オール替わりに太い竹を二つに割ったものを用意した。

川の流れに乗って進んでいく。しばらく進むと、目の前にこれまでで最大の強烈な白瀬が見えた。筏は急速にスピードを上げ、白瀬に突っ込んでいく。水面のすぐ下には大きな岩盤が張り出し、その岩盤の上をスピードを緩めないままゴンゴンと岩に乗り上げながら突進していく。必死で筏にしがみついていたが、水が巨大な波となってうねっているところで、筏が大きく跳ね上がり、身体が放り出された。係留用のロープを摑んでいたので流されずにすむが、筏は激流が作った巻き返しの流れに入っていく。筏の上に這い上がるが、このままでは巻き返しの流れの中、同じ場所をぐるぐる回り続けることになる。高柳が操舵棒で地面を突こうとするが、水深が深く地面まで棒が届かない。棒をオール替わりにして漕ぎ、手で水をかいて巻き返しの流れから脱しようとあがき続けた。筏は大渦を四回転したところで、流れから脱した。

激流帯のダメージで筏は崩壊寸前になっている。流れが緩くなったところを見つけ着岸した。

これからどうするかを相談した。筏を補修するにも、もうロープは残されていない。補修のためには、筏を縛っているロープを一度ほどいて結び直すしかないが、水に浸かりながらそんな作業をすれば丸一日はかかる。

今日一日だけでもずいぶんと進んだはず。もう少し進めばダムのバックウォーターで、おそらく川は流れを失う。そうなれば筏は無用となる。名残惜しいが、ここで筏を解体することにした。

ナイフでロープを切り、ばらけた竹を下流に流した。ロープを焚き火で燃やす。バックルが壊れた高柳の防水バッグも燃やした。よく燃えた。

一二月二〇日、四六日目。河原沿いの砂地を歩いていく。砂地に人間の足跡を見つけた。すでに川はほとんど流れをなくしていて、ダムのバックウォーターの影響を受けている。シーナカリン・ダムは東南アジア有数の釣り人憧れの地なので、ここまでボートで人が入っていてもおかしくはない。

休憩を挟んで進んでいくと、しっぽを切断されて死んでいる体長一メートルちょっとのオオトカゲを見つけた。まだ死んで新しい。川には一メートル近い大きな魚影があるので、魚のエサ用にしっぽを切り取ったものかもしれない。このオオトカゲを食べようかとも話したが、まだ昼前だったのでこれを担いで夕方まで歩き続ける気にもなれず、そのまま通り過ぎた。

午後一時、三〇〇メートル先の対岸に建物が見えた。ゴールまでにある二つの建物マークのうちの二つ目だ。建物には国旗と思われる旗がいくつも立っている。レンジャー関係の建物ということが離れた距離からでも分かった。建物には水上テラスのような部分があり、何人かの人間がこちらを見ている。たぶん、もう私たちの存在に気が付いているだろう。

「どうする？」

「また笑顔作戦で乗り切るか」

川沿いは急斜面で、何度も水に浸かって泥の中を歩くことになった。私と高柳が建物の手前一〇〇メートルのところまで進むと、建物から手漕ぎボートに乗った一人の男が来た。ボートの男は、私たちの目の前にゆっくりとボートを着岸させた。二〇歳ぐらいの若者だった。若者は英語がしゃべれないが、一緒にボートに乗って建物に行こうというジェスチャーをしている。私と高柳は、歩いてもう少し下るということを地図を見せて説明した。若者は「仕方ないな」という顔をして引き返していった。

若者のボートが川の中ほどまでさしかかったところで、建物から別のボートがこちらに向かってきた。

「たぶん、こないだの筏のレンジャーから彼らにも連絡がいっていたんだろう。さすがに、これ以上は見逃してくれないということだろうな」

私はそのとき、この旅をここで潮時にしてもいいかもしれないと思った。川はすでに流れをなくしていて、少し先には水位を測る目盛りがついた棒が立っていた。ここはもうダムと言ってもいいのかもしれない。レンジャーを振り切ってまで意地になって歩かずとも、素直に次のボートに乗って帰るほうが自然なことだ。ここから先は、釣り師や観光客のボートが入っているかもしれない。それを横目に藪漕ぎと泥歩きを続ける気力はもうなかったし、人のいる場所を歩くことを目的としているわけではない。

「よし、ゴールだ、ここをゴールにしよう」

抵抗も言い訳もせず、次に来たボートに乗り込んで建物に向かった。ボートから水上テラスに上がり、高柳と握手を交わした。

レンジャーから何かお咎めがあるのかと思ったが、何もなかった。建物にはトレッキングで来たタイ人のオジさんが二人いて、ここから山道を三キロ歩いた先で、キャンプをしていると言った。彼らの好意に甘えて、キャンプに混ぜてもらうことになった。

一時間半、トレッキングのオジさん二人と、付き添いのレンジャーと、急な山道を歩いた。キャンプ場はレンジャーの基地も兼ねた場所だった。

旅の中盤以降、ビール、ウイスキー、肉とジャンクフードと、毎晩のように帰ってからの食べ物の話をしていたが、キャンプ場でその夢はあっさりとかなった。

翌日、トラックの荷台に乗せてもらい、キャンプ場をあとにした。自然保護区の入り口のゲートまで、荒れた林道を半日、走った。

「本当にずいぶん山奥にいたんだな」

ゲートにはレンジャーの男が数人、受付には美人の若いお姉さんが二人いた。四七日ぶりに見る雌のホモサピエンス。

彼女たちにパスポートを見せ、書類を書いた。罰金を払うことになると思ったが、注意だけで終わった。

「あんなところから歩いてくるなんて凄いですね」

照れるじゃないか。オジさんたちにそのままカンチャナブリの街まで送ってもらい、四七日ぶりのベッドで眠った。

3　パゴダ壁

二〇一五年一月九日、高柳と二人、ヤンゴンからミャンマーの古都パーンに向かうバスに揺られていた。この旅の締め、パーンの大岩峰を登りに行くのだ。

一〇月にミャンマーを自転車で旅していたとき、飯屋で見かけたポスターにこの大岩壁は写っていた。街からほど近い場所の平原に、高低差四〇〇メートルの岩峰が屹立し、その頂上にはパゴダがある。

タイに行く前に一度下見をしていて、タイの旅が終わったらまた戻ってきて登ろうと決めていたのだ。

遠目だけはかっこいい四〇〇メートルの大岩壁だが、近くで見たら下部二〇〇メートルくらいは藪の斜面、岩壁はもちろんボロボロだ。普通のクライマーだったらミャンマーまで行って、こんなイロモノ岩壁を登らないだろう。そんな誰にも相手にされないような壁だからこそ、沢ヤらしい旅の締めくくりになると思っていた。

パーンの街に到着すると、前回と同じ宿に泊まり、同じ飯屋で飯を食った。岩壁までレンタルバイクの二人乗りでアプローチ。岩壁の下にある寺院にバイクを停めた。

寺院には四方向を向いた四つの仏像があり、岩壁はここから見上げるとネパールヒマラヤにある岩峰のような雰囲気だった。

仏像に手を合わせ、岩壁の下までの竹林の斜面を歩いて登った。岩壁は垂直の壁といくつかの岩稜で構成されていて、その中で一番簡単そうな岩稜を登るつもりでいた。

岩稜の下部は傾斜が緩く、ロープを付けずに登っていく。岩稜は思っていた以上にボロボロで後ろからついてくる高柳に、落石に注意するように呼びかけた。岩稜の傾斜がきつくなったところで、竹にスリングを巻いてハーネスと連結した。そこからロープを繋いで登ろうとしたのだ。

少し待ったが、高柳が現れない。「ホォーッ」と何度も雄叫びをあげたが、返事がない。いくらなんでも遅すぎる。つい数分前に一〇〜二〇メートル後ろを登ってくるのを見ていたのだ。

「まさか」と、思った。

ここまでは難しいクライミングはなかったが、岩は脆くて不安定だし、足場の悪い土の急斜面もあった。高柳が斜面で滑ったり、落石に当たる可能性は十分にある。

私は何度も「ホォーッ」と叫んで高柳を呼んだ。一向に返事がない。怪我をして失神しているのかもしれない。スリングをほどき、下りて様子を見に行く。

ここまでの道のりは一本道だったが、ひょっとしたら岩陰でお互い気付かずにすれ違い、私の上に登っている可能性も考えた。「ホォーッ」。何度も叫んだ。上に、右に、左に、下に、どこにいても声が届くように方角を変えて叫んだ。返事はこない。

見晴らしのいいところに立ち岩稜の上部を見上げるが、高柳はいない。もう一度叫んだ。返事はない。最悪の事態が頭をよぎった。高柳はどこかで滑落してしまっているかもしれない。登ってきた岩稜の傾斜はきつくないが、左右は五〇〜一〇〇メートルほどの絶壁になって切れ落ちている。もし浮き石を踏んで落ちてしまえば命はない。

岩稜を下りながら、何度も叫んだ。喉が嗄《か》れるほど、何度も叫び、高柳を探した。

——ついに高柳を見つけられないまま、岩稜の下まで下りてきてしまった。周囲を見渡すが高柳はいない。

岩稜の途中、危ないなと思っていた土の斜面があった。

「もしあそこで滑って落ちていたとしたら……」

予測を立てた場所に高柳を探しに行った。四メートルほどの岩を登り、おそるおそる岩棚の上を覗いた。高柳の姿は、そこにはなかった。

ここでないとすれば岩稜の反対側の藪の斜面に転がっているかもしれない。走って探しに行った。途中、何度も叫び続けたが、返事はない。藪の斜面をいくら探しても高柳の姿はない。岩稜の左右の壁はほとんど垂直なので、どこかに引っ掛かることはないはずだ。可能性があるとすれば岩稜上のどこかで、落石に当たって失神しているか、死んでいるかだ。

どうする……。

岩稜を下りるときに自然落石があったし、ボロボロの岩稜を何度も登り下りすれば、どこかで私も滑落するかもしれない。それに私は動揺してしまっている。こんな精神状態で岩稜を登り返せば、二重遭難してしまうかもしれない。もう一度岩壁を見上げ、大きく叫んだ。

とうの昔に喉はつぶれていて、声を出すと痛みが走った。返事はない。その場に座り込んだ。下の寺院に行ってレスキューを呼ぶか、探しにいくか……。もう一度、叫んだ。

上から、かすかに声が聞こえた。「ホォーッ」。全力で叫んだ。「ホーッ」。返事がきた。声は近い。

「大丈夫かー」

「大丈夫でーす」

「下りてこーい」

「分かりましたー」

高柳は生きていた。一本道の岩稜のどこですれ違ったのか分からない。しかも、声の距離は会話がギリギリ通じるぐらいに近かった。いったいなぜ、今まで声が届かなかったのか分からない。高柳はどこにいたのだろうか。ともかく、生きていることに安堵した。

しばらく岩壁の下で待っていたが、高柳はなかなか下りてこなかった。「ホォーッ」。叫ぶと、すぐ近くから返事が聞こえた。もう大丈夫だ。鬱蒼とした樹林の中でお互いに探し回って合流するよりは、寺院に行ったほうが早いと思った。

「寺で待ってるわー」

「分かりましたー」

私は先に寺院に向かった。岩壁の下から寺院までは、斜面を歩いて一〇分ほどだ。寺院に着くと、中から老齢の尼僧が出てきて話しかけてきた。英語がまったく通じないが、岩壁でホーホーと叫んでいたのは聞こえていたようで、私たちのことを心配していたらしい。

「山頂へは、この崖じゃなくて登山道があるわよ」と、ジェスチャーで教えてくれた。私はクライミングギアを見せ、岩登りをする動作をして、クライミングをしに来たということを伝えた。尼僧は岩壁を指差した。

「もう一人いるわよね。大丈夫かしら？」

「大丈夫、もうすぐ下りてくるよ」

私は仏像の前で眠り仏のように寝転がると、ザックからスマホを取り出し、ゲームをしながら高柳を待った。

——一時間が経過する。高柳は来なかった。おかしい、最後に声を聞いたときは少なくとも五〇メートル以内にいるように感じた。寺院までの樹林で迷っているのだろうか。それもあり得ない。岩場からまっすぐ下りれば寺院にたどり着くし、多少間違えたとしても、岩壁の下には道路が横切っているので、どこを歩こうが道路には出る。簡単にここまで来られるはずだ。

私は再び、不安にかられ始めた。「ホォーッ」。壁に向かって何度か叫んだ。返事は来ない。ひょっとして高柳は大怪我でもしていて、その状態で岩場を下りていたのかもしれない。そんな状態では落石にも反応できないだろうし、足を踏み外してもおかしくはない。もともと怪我をして弱っていたのなら、返事があった後にまた事故に遭っている可能性は十分あり得る。あと少し待って来なかったら探しに行こう。探しに行って駄目なら、レスキューを呼ぶしかない。死体を背負って下りることになるかもしれない。高柳の家族にはなんと説明しよう。最初からロープを付けていれば防げたかもしれない。落石を嫌がって探さなかったのは間違いだったかもしれない。

私は動揺し、反省し、今、何をやるべきかを考えながらも、それとはまた別のことを思っていた。こうやって激しく揺さぶられる感情と、自分の力ではコントロールできない事態を、心のどこかで楽しんでいて、高揚していたのだ。仲間の死が旅のフィナーレになるとすれば、最悪の結末であることに違いないが、そんな波乱の結末を用意した高柳に感謝さえしていて、望まない事態を望んでいた自分をはっきりと認識していた。

そうだ、そうなのだ。俺は、人生でも、登山でも、波乱の中にしか自分がここにいるという実感をもてないのだ。

「ホォーッ」

精いっぱい叫んだ。

「ホォーッ」

叫び声は、返ってきた。

寺院の奥の踏み跡から、上着を左手に抱え、顔を埃まみれにした高柳が現れた。なぜか堂々と誇らしげな顔をしていて、ＳＦ映画で敵の母艦に単身乗り込んでやっつけて帰ってくるヒーローのような足取りで、こっちに来た。

「よかった、宮城さん無事だったんですね。死んだんじゃないかと思って心配したんですよぉ」

あぁ、そっちか、そういうフィナーレか。

最終章
沢ヤの祭典 ゴルジュ感謝祭

那智の滝登攀は、ゴルジュ感謝祭という若手沢ヤによるイベントのひとつとして行われた。ゴルジュ感謝祭とは、紀伊半島を二分する大河、熊野川の支流・北山川にある池原ダムを起点に、これまで面識のない全国の沢ヤが集まり交流し、周辺の大滝やゴルジュを突破することを目的としたイベントだ。

もとより人口の少ない沢ヤの中でも、危険度の高いゴルジュ突破や大滝登攀をする者はさらに少なく、参加者を集うために宣伝も行われた。以下の告知文が、主催者に近い者のブログやフェイスブックに掲載された。

死登！　死者満載、世界の熱きゴルジャーが集う夢の祭り、第一回ゴルジュ感謝祭を開催します。

・二〇一二年七月一四～一六日、紀伊半島、池原ダム周辺
・参加資格　ゴルジュに魂を捧げられる者
・登攀は安全無視、オール冒険の、ゴルジュストロングスタイルで行われます。
・主催　ゴルジュ感謝祭開催委員会委員長　世界のＫＥＮＪＩＲＩ

けんじり開催委員長から皆様へ

初めまして、今回、第一回ゴルジュ感謝祭の開催委員長を務めさせて頂くことになった世界のＫＥＮＪＩＲＩこと、けんじりです。今年で沢を始めて五年になります。偉大なる先人たちに比べると、ようやくハイハイを始めた赤子のようなものですが、未熟なりに「沢登りとは何か」「ゴルジュとは何か」を模索し続け、沢を始めて以降、夏のシーズン中は全日のようにゴルジュに入ってきました。

聖地・紀伊半島はもちろん、南北アルプスや四国・中国・屋久島や北海道に至るまでのゴルジュを遡行し続けました。それぞれ大きな感動もあり、そこで得たものは決して忘れ得ぬ経験と言えるでしょう。何より素晴らしい仲間たちとの出会いがありました。しかし、各地の「悪絶」とよばれるゴルジュを遡行しても、何か引っかかるものがありました。そう、何かが足りないのです。

少し、昔の話をします。中学一年生の頃、夏休みに友達と三人で自転車に乗ってキャンプに出かけたことがあります。家から自転車で三〇分ほどの距離にある里山に出かけ、林道から少し離れた適当な場所にテントを張り、近くを流れている里山の小川で遊んでいました。

誰が言い出したのかはもう思い出せませんが、「この川の源流を見に行こうぜ」と、その沢を上流に向かって歩いていきました。途中、小さな滝があったり、倒木渡りがあったりして、ちょっとした冒険隊気分になり、夢中になって沢を登っていました。時間が経つのも忘れ、その沢を遡り続けました。気が付けば沢の水も少なくなり、ついにここがこの川の最初の一滴というところまでたどり着いたのです。そのときの感動の大きさといったら、なんと言い表せば良いのか……。

しばらく、皆でその源流の雫を飲んだり、「ここが本当の源流だ」と言って、源流のさらに上に小便をしてみたりと、馬鹿なことをやっていると、雲行きが急に怪しくなり、大雨が降り出したのです。遊びに夢中で気付きませんでしたが、時計を見れば夕暮れが近づく時間でした。子供ながらに「ヤバい、戻らないと」と、慌てて沢を下り始めました。

当然、沢の装備など持ってはいません。Tシャツにジーンズという格好です。あっという間に体温を奪われ、体が凍え出します。沢の知識なんてなにもありません。だから「山の川で雨が降るとヤバい」というイメージだけが増幅し、「増水して大変なことになる」と、恐怖で走るように下りました。今にして思えば、増水して溺れ死ぬような雨でも沢でもなかったのですが、あのときの恐怖感は忘れられません。

その日は夕暮れまでになんとか無事テントに戻り、三人でテントにもぐり込み、冷めた弁当とお菓子をむさぼりました。夏だし暑いからいらないじゃんと、寝袋など持ってきておらず、その晩は濡れた身体で膝をかかえ、三人で寄り添うように震えながら眠れぬ夜を過ごすことになりました。

翌朝、昨夜の雨が嘘のように晴れ、テントから出てその日差しを浴びたとき、なんとも言えぬ感動を覚えました。沢ヤとなった今の僕の表現で言えば、「生の実感」とでも言うのでしょうか。大げさかと思うかもしれませんが、そのときは本当にそう思ったのです。

あれから一〇年。沢を始め、簡単な沢から五級六級と言われる各地の難しいゴルジュに入っても、あのときほどの感動も恐怖もありませんでした。それは、それまで行ってきた私の沢登りが、冒険的ではあっても冒険ではなく、偉大なる先人たちの只の後追いにすぎなかったからです。事前に情報を仕入れ、行けるという確信を得たうえでの行為、言うならばただの観光だったからです。「沢屋の本懐とは未知への探求である」。偉大な先人であり、今なお未知への探求を追い求め続けている遡行家・成瀬氏の言葉が深く胸に刺さりました。

すでに国内の多くのゴルジュには偉大なる先人たちの踏み跡があり、そこに冒険の余地はほとんど残っていません。そう思うと、海外に目を向けました。世界にはまだ未知の世界があるはずだ。すぐに台湾の記録のない沢を遡行しました。そこでの経験は実にファンタスティックで、感動も計り知れないものがありました。しかし、現実的にはお金もかかり、そうそう海外へも行くことはかないません。それに、記録のない沢を遡行し、未知への探求を行ったといっても、そこでも何か腑に落ちないものを感じたのです。

その違和感は、私自身が数々の沢登りによって身につけてしまった武器、「経験・技術・知識」によるものではないかと思い始めました。この武器のおかげで、たとえ記録のない沢であれ、「死なないように行動すること」ができてしまうのです。たとえ記録未見の沢であっても、私はリスクを拒否するあまり、本当の自然の奥深くに入り込もうとはしていなかったのです。冒険をしていたつもりが、それが本当の冒険でないことに気がついたのです。私程度の未熟者が使うにはあまりに大げさな表現ですが、経験を積み重ねてしまったがゆえに、あれほど大好きだった沢に対して、虚無感のようなものを感じてしまいました。

そんなとき、ある沢でたまたま出会ったのが富山の和田さんです。彼との出会いは強烈でした。沢の常識では考えられないまだ寒い季節に「暖かい!」と言ってゴルジュを泳ぎ、簡単に高巻けるはずの滝の流芯を、それもあり得ない水量に逆らいながら登っていたのです。

ただ人が滝を登っているだけの光景。でもそれは、触れることができないほどに熱くて、本当に熱くて、僕にまとわりついていた何かを焼き払ったのです。

慌てて滝を巻き上がり、彼を呼び止め、僕の思いを話しました。すると彼は「形而上学的なことを思考するのはゴルジュには相応しくない」と一喝し、「複製技術時代の登攀」という独自の理論を指し示し、「ゴルジュストロングスタイル」という革新的な遡行スタイルを僕に教えてくれました。涙腺が緩まざるを得ませんでした。

「この感動を世界に発信せねばならない」

そこで開催されたのがゴルジュストロングスタイルの実践と拡散、「第〇回ゴルジュ感謝祭」です。ゴルジュストロングスタイルによる登攀は、残置無視・オールフリーはもとより、オールパッシブorフリーソロという、クライミングの世界でも最新の過激なスタイルに基づき、過去の常識では考えられない、ゴルジュの「強点」を突破するというものでした。そのときのラディカルな体験は、中学のときに感じたあの感覚が蘇ったかのようでした。しかし、和田さんはさらに付け加えます。

「それだけだとまだトラッドゴルジュスタイルなんだ。価値の反転を基本とし、さらに人間の限界を超えた挑戦、ボーダーラインの先の世界、流血・骨折・低体温症はおろか死亡ですらデフォルトでなければ真のゴルジュストロングスタイルとは言えないんだ」

あれから一年の月日が流れ、本物のゴルジュストロングスタイルの追求をするときがやってきました。

二〇一二年、海の日の三連休。第一回ゴルジュ感謝祭の開催をここに宣言し、決死の芸術を生み出すことを誓います。

二〇一二年五月二八日　世界のけんじり

ゴルジュ感謝祭開催当日、奈良県の池原ダムに、全国各地から全一三名の熱きゴルジャーが集まった。開催期間中、ゴルジャーたちは四つのパーティーに分かれ、池原ダム周辺でゴルジュストロングスタイルによる大滝登攀とゴルジュ突破を行った。

さすがに死者こそ出なかったものの、最年少参加者の一九歳の大学生、大野くんという青年は、増水したゴルジュに流されたあげく、激流に呑まれ、水中で岩に足をはさまれて危うく本当に溺死してしまうところだった。

御神体・那智の滝を登攀した私と佐藤、大西は、逮捕・報道によって社会的には半死の状態になった。

事件から数日、主催者のけんじりこと小阪健一郎の所属する大学には、連日のように抗議の電話が殺到していた。

「那智の滝登攀は、ゴルジュ感謝祭の中で行われたのに、主催者の学生に責任を問わないのか、大学としてけじめをつけろ」

といった内容がほとんどだったが、中には告知文の内容に言及した批判の声もあった。

「けしからん、源流に小便するとは何ごとか」

これによって小阪は山岳部をクビになり、大学から停学処分を受けた。伝統ある京都府立医科大山岳部はつぶれた。小阪は秋に遠征計画を予定していて、それにはスポンサーがついていたが、契約は解除された。

ちなみに、ゴルジュ感謝祭の告知文は、小阪健一郎ことけんじりが書いた文章ではない。私が小阪の印象をもとに、一部事実を交えながら作った創作文だ。源流で小便したという事実はない。これは私の私小説のようなものである。

実際の告知文の前後には、悪ノリしたジョークだと一目で分かる文脈を入れていたが、事件後に文の一部を抜粋したものがネットで拡散されたので、そのような大学への抗議が起こったのだ。

もともとのゴルジュ感謝祭は、小阪が「若い沢ヤ数人で集まって、沢登りしましょう」という程度の軽いノリで私に声をかけたのが始まりだった。それを私が企画し直し、大々的に告知し、御神体の那智の滝まで登ってしまった。

つまり、ゴルジュ感謝祭の実質の主催者は私なのだが、この告知文のおかげで小阪は世間から非難を浴びることになった。小阪にも少なからず責任はあるとはいえ、のちの処分や批判の大きさを考えると、とばっちりを受けた印象のほうが大きい。

小阪には私に責任があるものとして大学に弁明するように話をしたが、一度広まった騒動というものはどうしようもなく、小阪は苦渋を舐めることになった。

ゴルジュ感謝祭では冒険的な登攀がいくつか行われたが、社会から返ってきた反響は、登攀内容をはるかに上回る大きなものだった。

大西が勤めるクライミングジムには連日、非難の電話が殺到し、店頭に嫌がらせをしに来る者もいた。那智事件の当事者である大西に直接文句を言うのはいいと思うのだが、無関係なジムスタッフの女の子はさぞ怖い思いをしたことだろう。

サラリーマンの佐藤は取引先を失い、登山用品メーカーとのスポンサード契約を解除され、私は七年勤めた会社を辞めることになった。自分で火種を作っておいておかしな話かもしれないが、人間を自然の一部と形容するならば、これだけ苦しんだ登攀もなかなかない。

はっきり言って、すべて私が悪いのだが、ひとつだけ言いたい。なんの裏どりもせずに情報を垂れ流したマスコミ、特にウェブメディア、それを鵜呑《うの》みに、那智の滝への信仰心も持たない関係ないはずの大衆による「正義」を盾にした、当事者三人以外にまで広がった嫌がらせとバッシング……。嫌悪する。

思い起こすと、高柳とのタイ・ミャンマーの旅には、ゴルジュ感謝祭的な側面があった。

地理的探検が終焉したとされて以降、現代においての冒険は抽象化され、大衆化されてきた。今この時代にエベレストを登頂することが冒険なら、初めてのおつかいも冒険で、結婚も就職も冒険で、小便をギリギリまで我慢し続けるのも冒険だ。私は、「そうではない、まだ世界には危険を孕《はら》んだ地理的未知が残っているのだ」と、いきり立ち、ゴルジュに冒険の場を求めてきたが、タイの四六日間の沢登りで私と高柳が踏み入った人跡未踏の地というのは、二〇〇メートルの岩峰と、その下にある沼と藪のジャングル数キロの空間に限定される。岩峰の登攀も登るか死ぬかというものではなく、確実にやれると思ったことをやっただけだ。正直、落ち穂拾いである。

かつて例のない超長期の遡行への挑戦と、小さな探検の要素こそあれ、これまでやってきたことと比べればその進路に危険と呼べるほどのものなどなく、私が目指す本来の冒険とは程遠い。言うならばこの旅は、私が個人的な挑戦行為と定義する「現代の冒険」に近い行為だったかと思う。

地球上にはまだまだ地理的未知の空間が残されているとはいえ、行けば強制的に死の危険にさらされる称名廊下やチャーカンシーのような大ゴルジュは、なかなか見つけられるものではない。

タイの遡行に挑む前、私のパートナーが高柳だと知ったある沢ヤが、こう言っていたらしい。

「棺桶を二つ用意する必要があるな。高柳が相手では、流石《さすが》の宮城も今回でお終《しま》いだ」

私は帰国後にこの話を聞いて大笑いした。巨大な自然の内院に入り込む行為は、単独こそ理想的で究極だと思ってきたが、登山を表現行為と考えればそうでもないこともあるのだ。

本来は牧歌的な沢旅になるはずだったタイの沢も、高柳がいてくれたからこそ窮地に陥り、単独では決して体験できないハラハラする場面に出合えた。そういう意味においては、「現代の冒険」というのも侮りがたいものなのだ。人間も自然同様に危険を孕んでいて、不確定要素に溢れているからだ。

とはいえ、あくまで原理主義的に地理的な未知を探し続けるのが沢ヤの本筋であることに変わりはない。たとえ重箱の隅を爪楊枝でほじくるような行為と揶揄されても、私は今後も原理主義的な冒険・沢登りにロマンを求め続けていくのだろう。

世界中に眠る魂の震える大ゴルジュを夢見て、近所の里山にあるボロ壁やミニゴルジュにも魂を込め、私は沢を、登り続ける。

解説　スーパーアルパインクライマー宮城

角幡唯介

宮城君から私のアウトルックの受信トレイに変なメールが届いたのは、もう四、五年ほど前になるかと思う。彼は、私が自分のブログに書いた北穂高岳滝谷第四尾根の登山の記事を読んでメッセージを送ってきたのだが、それがたしか、われわれの間に起きた最初の接触だった。

私が滝谷の四尾根を登ったのは五月の大型連休の話であり、春にこのルートを登るのはとくに珍しい記録ではない。それでも彼は一応「いい登山をしていますね」と社交辞令的な口上を書き、そのうえで私の記事を読んで自分もすぐに滝谷に向かったと記していた。彼が興味を示したのは第四尾根ではなく、その途中で私が撮影した、より登攀的なC沢右股奥壁の氷壁の写真だった。たしかにこのC沢右股奥壁の氷はなかなか挑発的なルートで、氷自体はまだ登られていない可能性があるため私もブログに載せたのだが、宮城君は写真を見て瞬時にその魅力に反応し、すぐに滝谷に向かったというのである。登攀自体はアプローチで雪崩の危険が高かったので中止したようだが、彼からのメールを見て私も〈えらく山に飢えた奴がいるもんだな。こういうオオカミみたいなのがいるから、自分が発見した氷を安易にブログで紹介するのは、やっぱり考えもんだな……〉とちょっと反省した記憶がある。自分が発見した氷を他人に登られるのは、山ヤとしては気持ちのいいものではないからだ。

とはいえ、この最初のやり取りで一番記憶に残ったのは、じつはメールの内容ではなく、彼が名乗っていた変名のほうだった。彼は宮城公博という実名ではなく、〈セクシー登山部〉の〈舐め太郎〉というわけのわからない名前を名乗っていたのだ。しかもメールには、滝谷から下山する際に撮影したという、氷壁を全裸でボルダリングする自身の破廉恥な画像が添付されていた。

何だ、この写真？　もしかしてセルフタイマーによる自分撮り？

写真は一応正面からではなく背後から撮られていたので、身体中央の核心部こそ写っていなかったものの、セクシー登山部の舐め太郎という人物から唐突に送られてきた挑発的で品性の感じられない画像付き自己紹介メッセージに、私は数分の間、たじろいだ。すぐにグーグルでセクシー登山部を検索すると、短い登山報告とともに、基本的にネタは下品なのだが妙に思索的で読ませる、いつくかの身辺雑記が見つかった。

ブログのなかの舐め太郎は、真面目を装った記事のなかでは〈奈目太郎〉という畏まった表記を使用していた。

触らぬバカに崇りなしだな……。

そう判断した私は、とりあえず舐め太郎に一応、形式的な短い返事を出して、あとは放っておくことにした。

それからしばらく経って、当時、頻繁に一緒に山に登っていた後輩が「そういえば、あのセクシー登山部の人ってスゴイですね」と、テントのなかで舐め太郎のことを話題にしたことがあった。その後輩は、変なやつから接触があったぞと私が話すのを聞いて、時間を見つけてセクシー登山部のブログを詳しく読みこんだらしい。ブログの少し古い記事のなかにはネパールの山を単独登攀した記録が写真付きで載っており、通常レベルのクライマーが一人で登れるような山には見えなかったというのである。下山してすぐにセクシー登山部のブログを読みかえしてみたところ、たしかに後輩が言及していたネパールの登山記録は存在していた。舐め太郎は上部で敗退こそしていたものの、写真の岩壁は巨大で激しく屹立しており、そこに単独で挑戦した時点で、彼のクライマーとしての実力と冒険家としての強靱な精神力を窺い知ることができた。

こいつはただのバカではなく、本物のバカかもしれない……。

セクシー登山部の舐め太郎という名が、知る人ぞ知るという感じで、登山界の深部でじわじわと語られるようになっていったのは、この頃だったと思う。どうも、すぐに裸になりたがる、とんでもなく登れるやつがいるらしい。いや、普通に登るときは裸じゃないらしい……といった、まさにヒソヒソと囁かれる雪男伝説みたいな感じだった。

実際に彼と面識を得たのは、登山仲間である群馬県のクライマー清野さんから紹介を受けたときだ。舐め太郎はキノポンという愛称で知られる、これまた登山界の名物男と一緒に、かの世界有数の登山家山野井泰史氏が初登した一本岩というボロボロで危険な岩峰を登るため、群馬に殴りこみをかけにきた。ところが、キノポンが諸般の事情から登攀をドタキャンしたため、精神がいきり立って一本岩のようになっていた舐め太郎はその欲情のはけ口を失い、やむなく清野さんの山岳会の小屋に転がりこんできたのである。清野さんはその後、舐め太郎と一緒に高さ百メートルの垂直の氷瀑が連なる米子不動の難ルート〈正露丸〉を登りにいったようで、後日、その印象をたずねたところ、「昔の素浪人のような男だ」との的確な人物評を語っていた。今は主君を失い落ちぶれているが、もともと剣の腕はたしかで、いつでも仕官できるように刀を研ぐのを忘れない、そんな江戸時代の浪人のようなクライマーだったという。そのあと、宮城君と何度か山に登る機会があったが、清野さんもうまいことを言うもんだと感心したものだった。

宮城君が登山家として特殊なのは内側からあふれ出てくる強い自己表現欲求と、いまどきの若者には珍しいほどの反骨精神をあわせもっているところにあると思う。彼から山に目覚めた理由を聞いて驚いたことがある。彼はセクシー登山部のブログにも頻繁に登場する風変わりな友人を題材にした映画を撮るために上高地を訪れ、それがきっかけで一人で登山を始めたというのだ。つまり彼は登山家ではなく、もともと表現者としてこの世界に登場していた。だから山は今も彼にとって表現の一形式でありつづけている。

もともと登山は、登ったラインやルートを示すことで自らの世界を提示するという表現的性格のつよい行為である。ヒマラヤの高山の氷壁に描いた一本の美しい登攀ラインは、下手な文章や音楽よりもよほど人の心に訴える力を持っている。表現というのは自己を外の世界につなぎとめるアンカーロープみたいなもので、表現することで「私」の行為や思想は客観的に実体化され、私自身が世の中に定位されていく。登山行為もまったく同じで、それを文章なり写真なりで発表するということは、自己満足を越えた自己実現欲求の裏返しなのである。

宮城君はこうした登山が持つ表現的性格に、登山家として誰よりも自覚的である。最初は私も見落としたが、よくよく考えてみると、セクシー登山部のブログもまた彼の表現欲求と反骨精神が見事に映し出された作品だといえる。裸にハーネスだけつけて巨大な氷瀑を登る行為は、一見、バカバカしいように思えるが、しかし単純にスゴイので、「こんなことやって死なないの（逮捕されないの）？」というレベルでわれわれの常識を揺さぶるには十分だし、お上品に洋服なんか着なくてもこんな氷瀑は登れるのだということを示すことで、彼は世界の深層を巧妙に覆いかくしている世間的な欺瞞や建前を突き崩そうとしている。

そんな叛逆児としての彼の一面が顕著に現れた一件が、本書の冒頭に記された那智の滝登攀だった。

彼らが逮捕されたとき、私はたまたま結婚前の妻を連れて穂高岳に山登りにいっていた。夏山の登山客でこみあう穂高岳山荘に立ち寄り、知り合いの山小屋関係者にあいさつしたとき、その人から「佐藤裕介が那智の滝に登って捕まったぞ」と知らされた。携帯電話のヤフーニュースの記事には、三人のなかで対外的実績がずば抜けている佐藤裕介だけが実名で報じられており、他の二人の名前は書かれていなかった。しかし、もともと宮城君から〈ゴルジュ感謝祭〉に誘われていたけど断った経緯のあった私は、この冒険の扇動者が佐藤裕介ではなく宮城公博であることを瞬間的に直感した。たしかに佐藤裕介も大西良治も登山界の常識を打ち破り、その領域を押しひろげてきた希代の登攀者であることに間違いはない。しかし那智の滝登攀はそれとは少し性格がちがう。このような挑発的な態度を登山というせまい世界にだけでなく、広く世間一般にたいしてさし向けるような登攀を考えつく不届き者はセクシー登山部の舐め太郎以外に考えられなかった。

このニュースを聞いたとき、私は得もいわれぬ妙な嫉妬心を感じた。なぜか、やられた、その手があったか……という敗北感を覚えたのだ。

もとより私は、もう二十年ほど登山を続けているものの、登山によって何かを表現しようと思っていないので登山家ではない。だから那智の滝の登攀を考えついたこともなかったし、そもそも私に那智の滝を登れるだけのクライミング能力はない。だから純粋に登攀的観点から私は彼の行為に嫉妬心をいだいたわけではなかった。そうではなく冒険的行為と社会との関係のあり方に一石を投じるようなことをやってのけたことに、同じ表現者として彼に嫉妬を感じたのだと思う。

あれの何がすごかったのか。それは彼らが那智の滝を登ることで、登山行為が本来抱えている原罪を露骨にあぶりだしたことにある。

どんなに行儀の良さを装ったところで、登山をはじめとする冒険行為一般は、反社会的であることから免れることはできない。山が趣味なら誰でも経験があるだろうが、登山を真面目にやると土日は必ず山に行かなければならないわけだから、結婚や家庭生活をまともに維持するのは難しいし、また海外遠征をするとなると、まっとうな会社勤めも困難になる。こうした社会生活との表面的な摩擦は枚挙にいとまがないし、また、遭難したら救助費用などで世間に迷惑をかけるという論理にも一応の説得力がある。第一に山を登るということは、山に登らない場合よりも死の可能性が高まるのだから、その時点で社会と反目しあう性質をかかえている。

安全登山などという交通標語みたいなお題目は、世間の常識と調和していることを装ったゴマカシ、欺瞞にすぎず、登山や冒険とは本来、危険で自立的な行為をさすのだ。

そもそも、それ以前の問題として登山や冒険とは本質的に社会の外側に出て行こうとする行為なのだから、その姿勢の時点で社会に背を向けていることになる。たとえば北極圏で冒険旅行をするときは大体イヌイットから「やめろ、死ぬぞ」と諌められるが、それは私の旅がイヌイット社会が共有している常識の外側に向かう行為だからだ（逆にいえば、もしイヌイットから反対されないようなら、それは冒険ではない、という理解も可能だ）。作家の平野啓一郎がどこかで、赤信号で横断歩道を渡る者は、信号が変わるのを待っているほかの者を否定している、という趣旨の文章を書いていたが、それと同じことが冒険にもあてはまる。冒険により社会の枠組みの外側に向かう決断をした者は、決断をせずに内側にとどまった者を切り捨てている。登山や冒険には必ず非登山者、非冒険者からの「なぜそれをやるのか」という質問が付きまとうが、その事実こそ登山の反社会性をある意味で物語っているだろう。社会の内側の人たちから説明責任を求められるような行為を反社会的であると言わずして何と言おう。

もちろん現代ではほぼ全員の登山者や冒険者が、こうした冒険の本質には目をつぶるか、気がつかないふりをするか、あるいは行為の意義を必死に抗弁して、社会に対して調和を保とうとする。ルールを順守し、許可を取得し、挑戦することは素晴らしいことなのですと本心ではどうでもいいと思っている意義を語り、本来なら社会の外に向かうはずの冒険行為を社会の内に留まるスポーツ的行為に変質させて、社会適合者であることを装っているのだ。しかし本心をあかすと、われわれ登山者、冒険者には、そうしたルールや規則を煩わしいと感じているところがあるし、できれば誰にも管理されていない地球の最果てで自由に、純粋に山や自然と対峙したいと望んでいる。そしてその登山者、冒険家が内側に抱える根源的な自由への欲求と、自由であればあるほど満足感が高くなるという登山の本質は、管理された社会のモラルとはどうしても齟齬をきたす。

那智の滝登攀の特徴は、こうした冒険者、登攀者の根源的欲求をむき出しにし、われわれが普段つけている社会適合者の仮面などまやかしだと暴露したうえで、俺たちの行為って突きつめた場合、最終的に社会のルールとそぐわないんです、という本音を露骨に提示して登ってしまったところにある。もちろん法的には犯罪者だ。しかし、登山的な倫理から言うと、どうなのだろう。登りたいから登る。誰も登ってないから登る。そこに自由がある。この道徳律は登山的観点からすると完璧で、一分のスキもない。おそらく彼らの行為を知ったとき、内心共感した登攀者は多かったはずだ――それを言うと社会から指弾されてブログが炎上するので皆口をつぐんだが。たぶん宮城君は、こうした反社会性を内在させたむき出しの登山的道徳律を社会にたいしてぶつけてみたかったのではないか。その意味でこの登攀は、社会的に断罪され、クライミングとしても失敗したが、表現としては成功した。なぜなら彼らの登攀が、こうした反社会性を志向する登山とはいったい何なのかという自省をわれわれ登山者自身に促したからだ。そう、われわれはこの一件で、自分たちが志向している登山という行為が犯罪とされた彼らの登攀とじつは何も変わらない地平にあることに気づかされたのである。少なくとも私はそう捉えた。

本書はタイのジャングルにおける長期間の探検的沢登りの話を中心に、台湾のチャーカンシーや称名廊下の遡行、それに冬期称名滝、冬期ハンノキ滝登攀という、ここ数年、宮城君らが成し遂げ、登山界に瞠目をもって迎えられたビッグクライムの様子が描かれているが、この一連の行動の文章のなかにも、彼の冒険的表現者としての性格は何ら変わることなくあふれ出ている。彼にとっての「山」は森の風が爽やかに吹き抜け、陽光が燦々と降りそそぐ明るい岩壁にはない。ドロドロでぐちゃぐちゃのなかで瀑風に脅え雪崩に流されながら、文字通り汗みどろ血みどろ泥みどろウンコみどろになって、その果てに摑んだ生の一滴のなかにある。宮城君が用いた品性や良識を一切無視したＰＴＡによって回収を命じられそうな文体は、彼のそうした行動と思想を見事に表しており、そのいわば〈行文一致型〉の文章により、読者は彼がなぜそうした山登りを志向するのか、その行為の始源にまでもっていかれる。

アルパインクライマーとしてもトップレベルにあるにもかかわらず、沢登りに固執しているところがまた、いかにも反骨者である宮城君らしい。日本の登山界には昔から〈一番偉いのが冬期登攀で、二番目が普通の岩登りで、三番目が沢登りで、誰でもできるのがハイキング〉みたいなヒエラルキーが厳然として存在してきたが、宮城君はあえて下から二番目である〈沢ヤ〉を前面に押し出すことで、このくだらないヒエラルキーをぶち壊しにかかっている。

実際、この本のなかで描かれている遡行、登攀は、いずれも十年ほど前までは想像すらできなかったものばかりだ。宮城君一派は、ヒマラヤや海外のビッグウォールでも十分通用する（というか佐藤裕介はその分野の世界のトップクライマーなのだが）登攀技術と経験と創造性でもって、従来は登攀の対象とされなかった谷底の暗黒空間で極限的なクライミングを実践している。それはヒマラヤの技術的に難しくない未踏峰を登るような、残された人跡未踏地をあさる、いわゆる〈落ち穂拾い〉的な登山とはまったく性格を異にする行為だ。台湾や称名などは彼らの登攀能力があったからこそ見えてきたラインであり、先人たちの挑戦のすえに登山界の総体的な能力が向上した結果、人類が足跡をのこせる空間領域がじわじわと広がり、現時点で到達が可能となったその最先端部、と理解したほうが適切だろう。

もちろん王道ではない。宮城君の行為はどこか進化の系統樹で本筋からはずれて枝が途切れて絶滅していく生物種の危うさを思わせる。かなりギリギリのところを行っているのはまちがいない。が、だからこそ、地球の表面に刻まれた無数の襞《ひだ》のもっとも奥深くの、ジメジメとした薄暗い皺《しわ》の深淵でひそやかに展開されているこの行為こそ、近代アルピニズムが現時点で到達した達成のひとつともいえる。

もはやこれは沢登りとか、アルパインクライミングとか冬期登攀などといった、従来の固定化されたカテゴリーで呼び表せる登り方ではない。

いったい何と呼んだらいいのだろう。

やっぱりスーパーアルパインクライミングだろうか……。

著者紹介

宮城公博　みやぎ きみひろ

一九八三年愛知県春日井市生まれ。凸版印刷、福祉施設職員を経て、現在はライター、登山ガイド、NPO富士山測候所職員。趣味で行っていた映像制作をきっかけに二〇歳の頃から山に親しむ。子供の頃、近所の野山や川で遊んでいたことの延長として、ヒマラヤ、カラコルムでのアルパインクライミングから南国のジャングルでの沢登りにいたるまで初挑戦にこだわり続け、国内外で数々の初登攀記録をもっている。二〇〇九年、ヒマラヤ・キャジョリ峰北西壁への単独初挑戦。一二年、那智の滝での逮捕によって七年間勤めた福祉施設を辞める。一三年、立山称名滝冬期初登攀、台湾チャーカンシー初遡行、カラコルムK6西峰北西壁挑戦。一四年、立山ハンノキ滝冬期初登攀、台湾マホラシ渓谷初遡行、タイ46日間のジャングル初遡行など。

外道《げどう》クライマー

二〇一六年三月三〇日　第一刷発行
二〇一六年七月一六日　第四刷発行

著者　宮城《みやぎ》公博《きみひろ》
発行者　館 孝太郎
発行所　株式会社 集英社インターナショナル
〒一〇一-〇〇六四 東京都千代田区猿楽町一-五-一八
電話 〇三-五二一一-二六三二
発売所　株式会社 集英社
〒一〇一-八〇五〇 東京都千代田区一ツ橋二-五-一〇
読者係〇三-三二三〇-六〇八〇
販売部〇三-三二三〇-六三九三（書店専用）
印刷所　凸版印刷株式会社
製本所　加藤製本株式会社

定価はカバーに表示してあります。本書の内容の一部または全部を無断で複写・複製することは法律で認められた場合を除き、著作権の侵害となります。造本には十分に注意しておりますが、乱丁・落丁（ページ順序の間違いや抜け落ち）の場合はお取り替えいたします。購入された書店名を明記して集英社読者係宛にお送りください。送料は小社負担でお取り替えいたします。ただし、古書店で購入したものについては、お取り替えできません。また、業者など、読者本人以外による本書のデジタル化は、いかなる場合でも一切認められませんのでご注意ください。

© 2016 Kimihiro Miyagi, Printed in Japan
ISBN978-4-7976-7317-3 C0095